Élisabeth ou l'Équité

DU MÊME AUTEUR

ROMANS

Le Système Victoria, *Stock, 2011 (Folio n° 5554)*
Cendrillon, *Stock*, 2007 *(Le Livre de Poche n° 31075)*
Existence, *Stock, 2004 (Folio n° 5553)*
Le Moral des ménages, *Stock, 2002 (Le Livre de Poche n° 15544)*
Demi-sommeil, *Actes Sud, 1998 (Points Seuil P2444)*

LIVRES ILLUSTRÉS

Christian Louboutin, *entretiens avec Christian Louboutin, photographies Philippe Garcia et David Lynch, Rizzoli International Publications, 2011*
Tours, *entretiens avec Denis Valode et Jean Pistre, Éditions Xavier Barral, 2010*
Tour Granite, *photographies de Jean Gaumy et Harry Gruyaert, Éditions Xavier Barral, 2009*
Pavillon noir, *avec Angelin Preljocaj, Rudy Ricciotti, Michel Cassé et Jehanne Dautrey, photographies de Pierre Coulibeuf, Éditions Xavier Barral, 2006*

Éric Reinhardt

Élisabeth ou l'Équité

théâtre

Stock

Couverture Hubert Michel

ISBN 978-2-234-07400-2

Ce texte a été créé au théâtre du Rond-Point en novembre 2013 dans une mise en scène de Frédéric Fisbach, avec Anne Consigny, Gérard Watkins, D.J. Mendel, Benoît Résillot, Valérie Blanchon, Madalina Constantin, Alexis Fichet et Frédéric Fisbach. Scénographie, lumière et costumes, Laurent P. Berger. Vidéos, Pierre Nouvel. Assistante aux costumes, Élisabeth Jacques. Assistant à la mise en scène, Alexis Fichet.

PERSONNAGES

Élisabeth BASILICO, directrice des ressources humaines d'ATM
Jean-Paul COUVELAIRE, directeur général d'ATM
Peter DOLLAN, président du fonds de pension Victoria Capital
Denis DUBREIL, délégué syndical CGT
Pascal PRADEYROL, délégué syndical CFDT
Carine VALLETTE, déléguée syndicale CFTC
BERNARD, le mari d'Élisabeth Basilico
AGNÈS, l'avocate qui conseille Élisabeth Basilico
BÉNÉDICTE, l'assistante d'Élisabeth Basilico
MARIANNE, la femme de Denis Dubreil
LYNN, l'assistante de Peter Dollan
Les deux ouvriers de l'usine de Pessac
Une JOURNALISTE de la télévision
Des salariés d'ATM en grève

Les tableaux 2, 7 et 20 ont été traduits en anglais par Kate Moran.

Les versions originales en français se trouvent en fin de volume.

1. PARIS, MARDI 22 SEPTEMBRE, 17 H 20, SIÈGE SOCIAL D'ATM.

BASILICO. Tiens, vous ici, je suis contente de vous croiser. Justement, je voulais vous appeler. Je peux vous voir quelques minutes ? Je vous dérange ?

DUBREIL. Mon train est dans une heure.

BASILICO. Je ne savais pas que vous étiez au siège. Vous êtes arrivé quand ?

DUBREIL. Hier matin.

BASILICO. Vous vous rappelez quand on prenait le train ensemble, après les réunions ici, pour retourner à Villeneuve-Saint-André ? Si on ratait le 18 h 17 on devait attendre deux heures gare de Lyon.

DUBREIL. Ils l'ont mis à 23. Ça commence à dater mais je m'en souviens.

BASILICO. Ça va peut-être vous étonner, j'en garde un excellent souvenir. On n'a jamais vraiment été en désaccord quand j'étais là-bas.

DUBREIL. Contrairement à aujourd'hui vous voulez dire ?

BASILICO. Ce n'était pas ce que je voulais dire.

Un temps. Légère gêne.

DUBREIL. Vous nous avez quittés il y a combien d'années ? Je n'ai pas la mémoire des dates. On ne se voit pas tellement.

BASILICO. J'ai quitté Villeneuve-Saint-André pour rejoindre le siège en 2003. Ça va faire six ans en novembre.

DUBREIL. L'âge de ma fille.

BASILICO. Je m'en souviens. Elle est née l'été où je suis partie.

DUBREIL. Marianne me parle parfois de votre bouquet, à la maternité. Depuis, chaque fois qu'on s'oppose à vous, elle me demande si on est sûrs qu'on vous a bien comprise : elle dit qu'on peut vous faire confiance.

Dubreil sourit.

Vous l'avez complètement retournée avec vos roses.

Du coup, quand vous n'êtes pas désagréable, je ne sais jamais si c'est sincère, ou si c'est par calcul, ou par démagogie.

BASILICO. Vous m'amusez.

DUBREIL. Je me moque de moi-même, j'espère que vous l'aurez compris. C'est mon côté sarcastique. Il faut bien s'amuser un peu.

BASILICO. On est bien d'accord.

Comment va-t-elle ?

DUBREIL. Pas mal, pas mal.

BASILICO. Vous l'embrasserez pour moi. Et Abigail ?

DUBREIL. Vous vous souvenez du prénom de ma fille ?

BASILICO. Vous l'avez dit, vous avez un penchant sarcastique, j'ai un penchant démagogique.

DUBREIL. Vous faites des fiches ou quoi ?

BASILICO. Avec tous les détails, sur chacun d'entre vous, pour vous faire fondre dans les couloirs. Que vous puissiez vous dire comme votre femme : une DRH humaine.

Vous jouez ailier droit.

Dubreil approuve d'un mouvement de tête, impressionné.

DUBREIL. Exact.

Un temps. Ils se regardent.

Vous ne vouliez pas qu'on parle ?

BASILICO. Votre train, j'avais oublié.

Un temps. Basilico redevient la DRH d'ATM.

Vous êtes d'accord pour qu'on bavarde quelques minutes ?

DUBREIL. Je vous écoute.

BASILICO. Comme vous vous en doutez, on est en train de réfléchir à l'avenir de votre site. Il va falloir qu'on prenne des décisions.

Avant d'en discuter avec notre actionnaire, j'aurais voulu savoir ce que vous en pensez. Qu'en diront les autres fédérations, à votre avis. Ce ne sera que votre avis, si bien sûr vous acceptez d'en parler. On peut essayer de se dire des choses, ce soir. C'est du off. C'est strictement confidentiel. J'ai votre parole que ça ne s'ébruitera pas ?

DUBREIL. Je vous écoute.

BASILICO. Je pars demain pour New York, vous le savez peut-être.

DUBREIL. C'est un petit peu pour cette raison que je suis monté au siège. On sent venir des choses qui nous inquiètent.

BASILICO. Attendez au moins qu'on vous présente un projet concret, pour en débattre entre vous.

DUBREIL. On n'est pas cons, on sait très bien ce que vous avez derrière la tête.

BASILICO. Il est question qu'on abandonne la production du Polyrax pour se recentrer sur celle du CH8. Cette décision entraînerait la suppression de cent quatre-vingt-douze emplois.

Vous vous y attendiez ? C'est de ça dont vous avez parlé ?

DUBREIL. À peu de chose près.

Arrêter le Polyrax pour développer le CH8, je ne vois pas comment on peut faire autrement.

BASILICO. Nous partageons le même diagnostic, c'est déjà ça.

DUBREIL *l'interrompt*. Mais…

Basilico lui fait signe de poursuivre.

Mais à plusieurs conditions. Sur lesquelles nous serons, je vous préviens, inflexibles.

BASILICO. Et qui sont ?

DUBREIL. Un plan social qui nous convienne. Si Villeneuve-Saint-André est aujourd'hui dans cet état, ce n'est pas notre faute : des erreurs de stratégie ont été commises, tout le monde le sait, un expert l'établira sans problème. On donnera notre accord pour fermer cet atelier, il est mort depuis longtemps, il faut le débrancher. Mais je vous préviens, il va falloir raquer, Couvelaire va nous indemniser à la hauteur de son incompétence. On va en faire une question de principe pour tous nos camarades qui n'auront pas été reclassés.

BASILICO. Je vois. Il faudra juste qu'on se mette d'accord sur ce que vous entendez par un PSE qui vous convienne. Rassurez-vous, on se donnera le temps qu'il faudra pour en discuter tous ensemble.

DUBREIL. Je vais vous répondre tout de suite, on a en tête le PSE dont nos camarades de Ferblanc ont bénéficié l'année dernière. On ne lâchera pas à moins.

BASILICO, *un peu étonnée par ce qu'elle vient d'entendre*. On accorde rarement de telles conditions, je dois quand même vous en prévenir.

DUBREIL. Je vois mal au nom de quel principe les salariés d'ATM n'obtiendraient pas la même chose, sur le même bassin d'emploi, avec exactement le même nombre de personnes licenciées.

BASILICO. OK. We will see. Après ?

DUBREIL. On exigera des garanties sur la pérennité de notre site. On vous connaît. Il ne faudrait pas que la direction générale nous fasse avaler une liquidation complète en deux temps : un premier plan aujourd'hui, sous couvert de réorientation industrielle, suivi d'un deuxième plan cinq ans plus tard, définitif, après constatation que la stratégie CH8 n'a pas porté ses fruits. *Dubreil martèle ses phrases.* Elle portera ses fruits. Elle portera ses fruits si vous avez décidé d'y croire. Elle portera ses fruits si vous réalisez les investissements nécessaires. Vous devez nous garantir notre avenir. Nous ne voulons pas de bricolage pour rassurer Dollan. Entre nous, votre Américain, il doit sérieusement commencer à s'inquiéter. Couvelaire ne va pas pouvoir redorer son blason à nos dépens : il va falloir qu'il se rentre ça dans le crâne, votre brillant directeur général.

BASILICO. C'est tout ?

DUBREIL. On exigera la protection du périmètre d'ATM sur le territoire français. Il nous faudra votre engagement qu'aucun site ne sera vendu ni démantelé dans les cinq prochaines années.

BASILICO. Aucun projet n'est à l'étude.

DUBREIL. Dans ce cas, ça ne vous coûtera rien de nous le réaffirmer.

BASILICO. Si nous continuons, vous allez rater votre train. Je vous remercie. Je vais faire pour le mieux.

DUBREIL. Le fonds de pension auquel nous avons le bonheur d'appartenir est richissime, ATM est un groupe qui rapporte de l'argent : vous allez raquer.

BASILICO. Et vous vous allez rater votre train. Je

vous appelle un taxi, donnez mon nom au chauffeur, la course sera réglée par ATM.

DUBREIL, *cassant.* J'ai encore les moyens de me payer un taxi vous savez.

BASILICO, *conciliante, passe un appel sur son téléphone portable.* C'est moi qui vous ai mis en retard. Vous allez rater votre train si vous prenez le métro.

Un temps.

DUBREIL *lui renvoie son sourire.* Merci, c'est gentil. Si je raconte cette scène à Marianne, elle va encore me dire que j'exagère.

BASILICO. Alors ne lui racontez pas.

Basilico, le téléphone sur l'oreille, attend sa communication. Un temps. Ils se regardent.

BASILICO, *abrupte et douce.* C'était quoi, votre rêve ?

DUBREIL, *étonné.* Mon rêve ?

BASILICO. Votre grand rêve.

DUBREIL *hésite quelques secondes.* Faire de la politique. Conseiller municipal, maire d'un village, député. Se faire élire par le peuple pour le représenter, défendre ses intérêts. Comme ici mais en grand.

BASILICO *s'excuse d'un geste de la main, accompagné d'un sourire.* Bonsoir. Basilico. 2578B. Tout à fait. À Issy-les-Moulineaux. Gare de Lyon. Dix minutes, parfait, merci, bonsoir.

Elle raccroche.

Voilà, dans dix minutes devant l'immeuble.

Pourquoi vous n'essayez pas de le réaliser, ce rêve ?

DUBREIL. C'est trop tard, je ne connais personne, il aurait fallu s'y prendre avant, militer dans un parti, ce genre de choses. De toute façon je suis heureux comme ça, le syndicalisme me convient très bien.

BASILICO. Vous ferez de la politique un jour, j'en suis certaine.

Il ne faut jamais renoncer à ses rêves. Jamais. Vous le savez aussi bien que moi.

Basilico s'éloigne.

2. NEW YORK, JEUDI 24 SEPTEMBRE, 11 H 30, SIÈGE SOCIAL DU FONDS DE PENSION, BUREAU DU PRÉSIDENT[1].

Chaleur accablante. Basilico et Dollan transpirent, ce dernier a retiré sa veste et remonté les manches de sa chemise. Couvelaire, stoïque, ne donne aucun signe d'indisposition.

Dollan est toujours strict, retenu, un peu lointain et supérieur, parfois incisif et ironique, voire condescendant, mais jamais familier.

1. Version française du tableau page 145. (*N.d.A.*)

Il est visible qu'il impressionne Basilico et Couvelaire.

DOLLAN. It's the right decision. We can't continue to lose this much money. How many people have to be laid off?

BASILICO. One hundred and ninety-two.

DOLLAN. We should have done it before. You realize we have been employing *one hundred and ninety-two* people to work a site running on a deficit? How many years has this been going on?

COUVELAIRE. There is a meeting planned two weeks from now with the central committee of the enterprise. This factory will be cleared.

DOLLAN. I don't understand why we always have to wait until the last minute to solve problems.

I'm letting you know now: if Villeneuve-Saint-André is still losing money a year from now, I'm getting rid of it.

BASILICO. We agree, it has become necessary to stop the Polyrax. Effectively, we could have envisioned this for last year, but I don't think the personnel were ready to hear it then.

DOLLAN, *visiblement choqué par cette observation.* Since when do we have to wait for the personnel *to hear it* before making the decision to act?

BASILICO *essaie de rectifier la mauvaise impression qu'elle craint d'avoir donnée.* I am not saying we need to be preoccupied by the feelings of the personnel. I am just saying that, in France, to openly oppose the will of the employees can be dangerous.

DOLLAN. We are dying of heat here, sorry, the air-conditioner has been broken since this morning. I have no idea why they are taking so long to fix it.

COUVELAIRE. We are fine, don't worry.

DOLLAN, *à Couvelaire*. At least take your jacket off, like me. You're never going to make it if you don't.

Couvelaire signifie à Dollan que tout va bien.

You as well Élisabeth, make yourself comfortable, take off that jacket, you're perspiring.

Basilico sourit à Dollan puis retire sa veste de tailleur, elle porte un haut en soie blanc sans manches, assez moulant, avec un collier. Dollan regarde le buste, les bras nus de Basilico. Elle essuie, gênée, souriante, avec le dos de ses mains, délicate, quelques gouttes de sueur qui perlent sur son front, sur ses tempes.

DOLLAN. When it is an Indian summer in New York, temperatures can reach delirious heights. I am going to ask for some towels, we're melting in here.

COUVELAIRE. That is not necessary.

Dollan se lève, se dirige vers son bureau et appuie sur un bouton. Couvelaire foudroie Basilico du regard.

DOLLAN. Jean-Paul, I don't know how you do

it. Always impeccable, under any circumstance. *Avec un sourire*. While Élisabeth and I, we are just sadly perishing human beings…

La voix de Lynn qui sort de l'interphone interrompt Dollan.

LYNN, *par l'interphone*. Yes sir?

DOLLAN. Lynn, would you be kind enough to bring us two towels. *À Basilico*. Is there water left?

BASILICO. One bottle. *Elle met sa main autour de la bouteille et la tient serrée quelques instants.* But it is warm.

DOLLAN. And three bottles of water. Sparkling. Thanks. Oh, Lynn, one more thing.

LYNN, *par l'interphone*. Yes sir?

DOLLAN. Slightly moisten one of the two towels, the whole thing. With very cold water, OK?

LYNN, *par l'interphone*. I will do it right now.

DOLLAN. Thank you, Lynn.

Dollan lâche le bouton et revient s'asseoir.

I love an Indian summer: I think it might even be my favorite season.

They say that it isn't a season that really exists, that it is just a particular modulation of fall, that doesn't stop it from being a season, at least not for me. Random, sure, unforeseeable, free, but definitely, a season in and of itself.

Do you like it, Jean-Paul, Indian summer?

Couvelaire semble ne pas savoir quoi répondre.

DOLLAN. Am I boring you?

COUVELAIRE. No, no, not at all. It is agreeable, this summer temperature.

DOLLAN *leur montre la baie vitrée.* But the light, Jean-Paul, have you seen that light? How can we deal with our affairs without being sensitive to the surrounding atmosphere?

Dollan se tourne vers Basilico qui regarde à travers la baie vitrée.

BASILICO, *sobrement.* Indeed, it is magnificent.

DOLLAN. Indian summer, it is an anomaly, like a stock spiking during a recession. It is an exceptional situation that endures. I love anomalies and exceptional situations, it is through anomalies that we gain money. When things tranquilly run their course, I won't deny it, it is easier for the peace of mind of the general population, but it is boring, there are no opportunities.

Dollan leur montre les baies vitrées.

Nothing matches the fullness of an individual victory like the profound light you see on the other side of this window, so much is implied.

Why? Do you know?

Couvelaire fait signe qu'il attend la réponse.

Because, normally, in this season, it is supposed to rain, and it is beautiful out. When an Indian summer arrives, I always have the feeling it was meant just for me. I see it and I say to myself it's a sign the world is giving me, that something fantastic is about to happen.

What is she doing with those towels?

Basilico. It's OK. We should continue.

Couvelaire. Luckily for us, our friend's perspiration is not unpleasant.

Dollan. I wouldn't have dared mention it. A French woman's class is unsurpassable.

Couvelaire. I did not want to be indelicate, Élisabeth. Of course, it was a compliment.

Basilico approuve froidement d'un signe de tête.

Dollan. OK, while we wait for the towels, let's continue, where were we?

Basilico. I was about to bring you up to speed about certain French specificities. The legislature imposes a very constrained process on us. In a case like that of Villeneuve-Saint-André, if we don't take a minimum of precautions, these constraints can become a long drawn-out battle.

Par l'expression de son visage, Dollan lui signifie qu'il n'est pas sûr d'avoir compris ce qu'il vient d'entendre, qui l'étonne au plus haut point.

Basilico s'essuie le front avec ses doigts.

Dollan. You wouldn't happen to be the first and foremost of these alleged French specificities, would you? Please be kind enough to decode.

Basilico. I need at least three months, if everything goes well, to close this sector of the plant, not only because of the numerous meetings that the law forces us to organize. The unions have the capacity to slow down the procedure. They will require an expert, this expert will be allowed to view any and all documents he wishes, each request will introduce an additional delay. It will have to be by their calendar, you will have to listen, negotiate, wait for their demands to be exhausted, and not commit any procedural errors.

DOLLAN, *toujours aussi sidéré*. Listening to you, I have the feeling I'm watching a film. It's worth watching until I remember I'm living in it.

Dollan se tourne vers Couvelaire.

So we aren't free anymore, when we own a company, to manage it how we chose?

COUVELAIRE. France is a country that protects workers more than it encourages entrepreneurship.

DOLLAN. No wonder your country is in decline.

And if we close the plant anyway? If we tell the employee reps to go to hell? What will happen?

God, it's too hot in here, we are going to have to finish this meeting at a deli downstairs if this doesn't get any better.

Dollan desserre le nœud de sa cravate et s'évente un instant avec un dossier. Il jette un œil étonné sur Couvelaire qui reste imperturbable.

BASILICO. I know the case of a closing that was judicially opposed three years after the factory had been dismantled. Since the site no longer existed, it was impossible to reintegrate the employees: they were obliged to pay each one three years worth of salary. We must not move forward with force but patiently negotiate.

DOLLAN. By the sound of it, this factory is still going to be open in two months.

BASILICO. Probably. I need at least three months and a fairly hefty compensation package.

DOLLAN. How much?

BASILICO. I prepared three possible scenarios, with the costs, risks and delays included.

DOLLAN *interrompt Basilico*. Ah, the towels, finally.

Lynn entre dans la pièce avec un grand plateau. Elle pose les bouteilles sur la table puis s'apprête à distribuer les serviettes.

DOLLAN, *à Lynn*. The moistened towel is for me. Give the other one to Élisabeth.

Lynn donne sa serviette à Élisabeth puis la sienne, humectée, à Dollan, qui la déplie et l'applique sur son visage jusqu'à l'arrière de son crâne, légèrement renversé en arrière. Dollan s'exprime dorénavant à travers sa serviette mouillée, ce qui l'oblige à hausser la voix.

DOLLAN. Ah, that feels good. Jean-Paul, you don't know what you are missing. If you change your mind, speak up, I will get Lynn back in here, it's at least one hundred degrees in this office.

Basilico s'éponge délicatement le visage, s'essuie élégamment les bras, Couvelaire détourne le regard avec ostentation, comme irrité, voire dégoûté.

DOLLAN. Go ahead, Élisabeth, continue, I am listening.

Basilico. I need to bring something to your attention. The fact that ATM is owned by an American pension fund is not going to restrain the unions, nor will it push the judge to show us mercy. They will say that a pension fund breaking apart a little old factory in France is going to, mercilessly, destroy the lives of one hundred and ninety-two families, with absolute impunity, to augment the value of their settlement.

Basilico marque une pause. Dollan, légèrement incliné en arrière, le visage dissimulé par sa serviette, les mains posées à plat sur cette dernière, ne réagit pas, reste immobile, comme statufié. Silence relativement long. Basilico ne sait pas quoi faire et regarde Couvelaire, qui lui intime d'un geste autoritaire de poursuivre son exposé.

Basilico. Cutting back is inevitable, we know it, the unions know it as well as we do, but they will act as if they don't understand, in order to exploit the situation.

Basilico marque de nouveau une pause. Un temps assez long. Basilico ne sait pas comment réagir. Puis Dollan se frictionne le visage et les cheveux avec vigueur avant de retirer sèchement sa serviette. Son visage est devenu sérieux et grave. Il la plie et la pose sur la table, à sa gauche. Il regarde Basilico avec froideur, distant, comme si elle avait commis un impair ou qu'elle n'était pas compétente.

Basilico, *un peu craintive*. I agree, it's nerve-wracking, we won't move forward in

France by conserving this archaic spirit, but it is an inevitability. We cannot minimize the subjective dimension of this dossier, including likely media coverage. We must be prudent.

DOLLAN, *froidement, à Couvelaire*. What do you think?

COUVELAIRE. When I hear we have to arrive at this kind of conclusion, I am ashamed to be French.

DOLLAN, *à Basilico, avec sévérité*. What do you propose?

COUVELAIRE *reprend la parole*. At the same time, it is a power struggle.

DOLLAN *s'anime*. I was about to tell you the same thing. It's just like with wild animals, never let them smell fear. If the opposition senses that we will make concessions, they will be tempted to take advantage of us. *À Basilico*. Won't they?

BASILICO. I never said we should cower. But we shouldn't try to outsmart the unions.

I know certain representatives of the personnel, they know I am loyal and I know that, for the most part, so are they. If you trust me, it will all go smoothly.

DOLLAN. Meaning?

BASILICO. I will shut down this unit of production for an acceptable amount, without social conflict or negative media coverage.

Le visage de Dollan manifeste le plus grand scepticisme.

DOLLAN. I'm wondering if spending so much time with these union reps, you haven't become slightly socialist yourself. By osmosis, without even realizing it.

BASILICO. I've prepared three plans; they're in these files.

Basilico dispose devant Dollan trois cartons imprimés. Pendant qu'elle parle et qu'il lit distraitement ce qui est écrit dessus, Dollan fait tourner son stylo plume sur la table comme une hélice.

About eighteen miles from Villeneuve-Saint-André there is a factory that closed last year, Ferblanc: the employees obtained thirty-six months.

COUVELAIRE *murmure pour lui-même.* C'est délirant.

BASILICO. The union reps will have this number in their heads. If we present them with plan A, which provides three times less, they will perceive it at best as contemptuous, at worst as a provocation.

Dollan interrompt brusquement le mouvement rotatif de son stylo, avant de poser son regard sur Basilico.

DOLLAN. You are not going to advise me to go straight for the maximum level?

Basilico regarde Dollan sans répondre.

DOLLAN. Yes? Is that it?

Malaise visible de Couvelaire.

BASILICO. I will be holding all the cards in my

hand to close this unit of the plant within three months.

Dollan. Of course we don't encounter obstacles when we pay the highest price. Why not offer them each hollydays in Peru with their families? Then you can close in fifteen days.

Basilico. It's in our best interest to avoid conflict.

Dollan. The goal should always be to dispense as little as possible.

Basilico. Through my understanding of this terrain, I feel I am capable of indicating where to find the best index. It is a precious information. We will lose less money by following a realistic objective.

Dollan, *avec un léger mépris*. Oh, really? OK, so? Where do we find this, your *index?*

Basilico. Between the maximum level and the thirty-six months they are going to claim. No matter what we do, I strongly believe that they will obtain this level of indemnity from a judge. Around thirty months. That is where we find the index. It's what should be equitable.

Dollan. I choose the base level plan, twelve months of redundancy payment, a social measures package of eight million euros. Begin at the beginning, like all good negotiations.

Basilico. Allow me to remind you that at the moment, in France, the situation is explosive. Taking this route will vilify you, it will add gas to the fire, it will guarantee twelve months of conflict.

DOLLAN. It's a question of principle for me. You presented me with three options: I am logically starting with the lowest, we will raise little by little, I am hoping we will stop somewhere before the mid-level.

If the lowest level plan will add gas to the fire and jeopardize our interests, why present it to me?

COUVELAIRE, *à Basilico, l'empêchant de prendre la parole*. He's right.

Dollan regarde Basilico qui ne répond pas.

DOLLAN. This tactic you recommend, to avoid confrontation at all costs, I'm at a loss, I feel like I am walking through thick fog. I prefer a quick one-two punch.

BASILICO. Your adversaries are better armed than you think.

DOLLAN. Start at the base level. Close this unit of production for me within three months. I won't allow you to go over the mid-level plan. Deal inside that margin of negotiation. Do we understand each other?

BASILICO. I will keep you informed on how the operation advances.

DOLLAN. That's nice but my team and I have better things to do than supervise the break down of a petrochemical factory in the South of France, under the pretext it is going to fall into the hands of a few over eager individuals. Remind me of the name of this little village?

BASILICO. Villeneuve-Saint-André.

DOLLAN. OK. Are we done here? I have a few others things to discuss with Jean-Paul.

BASILICO. One last thing.

DOLLAN, *irrité*. Yes.

BASILICO. The social partners want the guarantee that no site will be sold off, that no closures will be decided in France in the upcoming years.

DOLLAN, *réellement stupéfait*. Where is this coming from?

This company belongs to me, and I will do with it, what I want. If tomorrow, the mood strikes me to sell ATM to a group in China, I will sell ATM to a group in China.

Dollan se tourne vers Couvelaire, qui ne sait pas quoi répondre et lui adresse un vague sourire d'approbation.

BASILICO. They told me that one of the factories was going to be put up for sale soon. I don't know where this rumor started, but it is sticking.

DOLLAN. There is no serious plan.

BASILICO. No *serious* plan?

COUVELAIRE. No plan *at all*.

BASILICO. Can you confirm that?

DOLLAN. I can confirm.

COUVELAIRE. On all French territory.

BASILICO. So these rumors are pure conjecture?

COUVELAIRE. They are made of fantasies.

BASILICO. I will bring this clarification to the unions' attention.

COUVELAIRE. Maybe it is better for you to wait that they ask.

BASILICO. They have already asked me about it.

COUVELAIRE. Oh, really. Already?

BASILICO. With the utmost insistence.

DOLLAN. So reassure them. With the utmost insistence.

BASILICO. That's what I was hoping you would say.

It is highly important to maintain this line for a certain period of time.

DOLLAN, *négligemment, un peu irrité.* I've heard you.

We'll meet for lunch. 12:30 in the lobby.

Basilico se lève et sort du bureau.

Un temps.

DOLLAN. Are you sure this woman is the right person? I have some reservations about her. I find her very... *french.*

COUVELAIRE. What do you mean?

DOLLAN. If we compare her to you, whose way of seeing things is obviously international.

Couvelaire sourit, flatté. Dollan passe derrière son bureau, retire sa chemise, Couvelaire se détourne avec pudeur et lui parle en évitant de le regarder. Dollan sort une chemise pliée d'un tiroir de son bureau, déchire le ruban de papier autour, la déboutonne tout en s'approchant de Couvelaire, qui lève les yeux vers lui.

COUVELAIRE. She is a very good director of HR. She is loyal, she is courageous, she doesn't fall apart, the employee representatives trust her, which, in France, believe me, is not so easy to do. She takes it to heart. She wants to do her best.

Dollan prend sa serviette sur la table mais elle est mouillée. Alors il avise celle de Basilico, croise le regard de Couvelaire qui se détourne immédiatement. Dollan la ramasse, la porte un instant à ses narines, en respire brièvement le parfum, se la passe sur le visage puis s'essuie longuement le torse avec, tout en parlant à Couvelaire qui a toujours le regard détourné.

DOLLAN. OK, she wants to do her best. But, in the interest of the company, or for some higher idea she has of her job? It isn't exactly the same thing. I'm suspicious of people who have an elevated view of their actions, or of the role they believe they are playing.

COUVELAIRE. It is indeed in her nature, a latent state. But we cannot exaggerate, she is not reading Montaigne every morning either. Up to now, I have no reasons to complain about her attitude growing to be more...I do not know how to say...

Dollan approche de nouveau la serviette de Basilico de ses narines, puis la pose sur la sienne, sans la plier.

DOLLAN. Compassionate.

COUVELAIRE. If you like.

Dollan enfile sa chemise propre, la boutonne et se place sous le regard de Couvelaire, qui lève la tête vers lui.

DOLLAN. Let her make the first move alone. She's beautiful, the social partners like her, she may be able to get them to back off, she seems to know how to do that. Be a little demagogic, utilize what she gives off to our benefit, use the medias. I want her to speak on television, she gives a maternal face to this industrial project.

If the talks fall apart, let Elizabeth take the heat, stay behind the scenes, then you will seem like the savior if you have to step in and take over the negotiations.

Un temps.

You were right, Élisabeth left only a light, perfumed scent on her towel. Frankly, it is rather agreeable.

3. PARIS, MARDI 6 OCTOBRE, 10 H 10, SIÈGE SOCIAL D'ATM, SALLE DE RÉUNION, COMITÉ CENTRAL D'ENTREPRISE.

Basilico est assise en bout de table à la gauche de Couvelaire. Sur les côtés de la table, à la gauche de Basilico : Vallette et Pradeyrol. À la droite de Cou-

velaire : Bénédicte puis Dubreil. Chacun dispose du document que Basilico a remis aux partenaires sociaux, ainsi que d'un bloc, de divers papiers. Il y a des thermos de thé et de café, des viennoiseries, des tasses en plastique, au centre de la table.

COUVELAIRE. Je vous souhaite la bienvenue. Je passe la parole à Mme Basilico qui va vous donner lecture de l'ordre du jour.

BASILICO *salue l'assemblée d'un sourire et lit ce qui est écrit sur une feuille de papier*. L'ordre du jour de la réunion d'aujourd'hui : « A/ Information et consultation du comité central d'entreprise sur un projet d'arrêt de l'atelier du Polyrax et de réorganisation de l'établissement de Villeneuve-Saint-André. B/ Information et consultation sur un projet de licenciement collectif pour motif économique. C/ Information et consultation sur un projet de PSE, plan de sauvegarde de l'emploi. »

COUVELAIRE. Si vous le voulez bien, nous allons passer directement au point B de l'ordre du jour : information et consultation du CCE concernant le site de Villeneuve-Saint-André. Nous revenons vers vous aujourd'hui avec un projet de réorganisation.

VALLETTE. La CFTC veut faire une déclaration préalable au CCE.

COUVELAIRE, *négligemment, nullement surpris*. Allez-y.

VALLETTE *se lève et lit ce qui est écrit sur une feuille de papier*. « Une mort par épisode…

« En 2005, quand vous nous avez imposé la restructuration de Villeneuve-Saint-André, avec réduction de 70 % des effectifs, tout avait été écrit et planifié pour que le site soit pérenne. Non seulement les salariés de celui-ci y ont cru, mais, mieux, les salariés de tout le groupe vous ont crus.

« L'incompétence industrielle des dirigeants d'ATM est maintenant avérée. Plus grave encore, dans votre nouveau projet de restructuration, cette pérennité est loin d'être assurée. Creux : c'est le terme qui convient le mieux pour le définir.

« Les salariés revendiquent un volet industriel pertinent et non une énième perfusion qui conduira inévitablement le site vers une mort lente, synonyme de fermeture. »

Elle se rassied.

COUVELAIRE. Nous aurons le temps de répondre. Y a-t-il d'autres déclarations avant de commencer ?

PRADEYROL *se lève et lit ce qui est écrit sur une feuille de papier.* « Et cela continue, encore et encore, c'est que le début, d'accord, d'accord...

« Vous l'avez reconnu, c'est le refrain d'une chanson fameuse, mais c'est aussi ce que vivent depuis des années les salariés de Villeneuve-Saint-André et leurs familles.

« PSE, ces belles initiales que l'on entend tous les jours depuis des mois et des mois chez ATM... Plan de sauvegarde de l'emploi ? Non. Pour le personnel d'ATM, ces initiales signifient plutôt : plan de suppression des emplois.

« On nous explique que c'est à cause de la conjoncture, de la crise, du prix des matières premières. Certes ! Mais c'est surtout que les dirigeants d'ATM n'ont aucune envie de croire en nos usines et préfèrent regarder l'avenir des pays émergents, tandis qu'ils nous submergent d'explications du pourquoi du comment.

« La seule vérité, c'est qu'il n'y a pas de volonté de faire évoluer nos outils de travail ou de trouver de nouveaux débouchés. »

Il se rassied.

COUVELAIRE. Très bien, merci.

Nous revenons vers vous aujourd'hui avec un projet de réorganisation de Villeneuve-Saint-André. Il vise un retour à l'équilibre. Il ne s'agit pas de rendre ce site extrêmement positif, *mais de l'amener au minimum à l'équilibre*, tout en limitant le nombre de *suppressions d'emplois*. Je vous rappelle que ce projet consiste à fermer l'atelier du Polyrax, pour se recentrer sur le CH8.

Je vais maintenant donner la parole à Mme Basilico. Elle va vous présenter, sous forme de PowerPoint, les éléments du document qui vous a été remis.

DUBREIL *s'interpose.* Monsieur Couvelaire, dès votre introduction vous émettez des doutes sur la possibilité que ce site devienne bénéficiaire. *Il rit ironiquement.* Comment voulez-vous, après un préambule aussi enthousiaste, nous convaincre du bien-fondé de ce projet ?

COUVELAIRE. Je voulais dire qu'on n'allait pas attendre des activités de Villeneuve-Saint-André une rentabilité de quinze pour cent. Je vous rappelle qu'aujourd'hui celles-ci sont toutes déficitaires.

VALLETTE, *par-dessus les paroles de Couvelaire.* La faute à qui…

COUVELAIRE *poursuit son raisonnement.* On m'a mal interprété et j'en suis désolé. Il s'agit d'amener le site à l'équilibre afin qu'il puisse vivre à ses propres bornes.

Dubreil secoue la tête, accablé.

VALLETTE. On va amener le site à l'équilibre, ça fait bientôt vingt ans qu'on entend ce discours. On était deux mille, la direction a dit que c'était trop, alors on n'a plus été que mille cinq cents. De mille cinq cents on est passés à mille deux cents, de mille deux cents à sept cent cinquante, de sept cent cinquante à cinq cents, de cinq cents à trois cent cinquante. On n'en voit jamais la fin. L'équilibre, vous ne le trouvez jamais. Ça fait des années que vous le cherchez. Si on continue sur cette lancée on aboutira à la mort de l'établissement. Tout simplement.

DUBREIL, *au paroxysme de son agitation.* Évidemment !

COUVELAIRE. Avez-vous une autre solution, madame Vallette ?

VALLETTE. Vous êtes le capitaine du bateau, nous sommes les mousses : c'est à vous de savoir ce qu'il faut faire pour développer une entreprise, pas à moi.

COUVELAIRE. Sachez que le sort des salariés est ma préoccupation première dans ce dossier.

PRADEYROL. Encore faut-il faire le nécessaire pour l'outil de production, c'est-à-dire investir. Nous sommes un site industriel. ATM se dit industriel.

COUVELAIRE. Ce site perd vingt millions d'euros par an quoi qu'il arrive. Je ne connais pas beaucoup d'entreprises qui résistent très longtemps à ce type de problème.

Il se tourne alors rapidement vers Basilico.

Élisabeth, on vous écoute.

BASILICO, *à Vallette et Pradeyrol, conciliante.* On va revenir en détail sur ces différents points. On a tout le temps d'en discuter.

Basilico commence à réciter l'exposé qu'elle a préparé. Elle prend de la hauteur par le ton qu'elle adopte, doctoral, détaché. Elle tient des notes dans ses mains.

Dans le cadre des restructurations, c'est l'équilibre général de la société qu'il faut naturellement prendre en compte.

Aujourd'hui, aux bornes d'ATM, nous avons un niveau de rentabilité insuffisant de l'ensemble de nos activités.

On ne peut pas dire qu'il s'agisse d'une société

qui fait des bénéfices, dont la situation financière est florissante. On n'est pas là pour augmenter nos profits à vos dépens. Aujourd'hui, on est en pertes.

VALLETTE *l'interrompt.* On vous arrête tout de suite : vous ne nous aurez pas avec ce discours-là. Citez-nous une entreprise qui au premier semestre 2009 a augmenté son bénéfice. On se trouve dans la même crise conjoncturelle que tout le monde.

À ces mots, Dubreil feuillette le document et s'arrête à une page.

BASILICO. Je parle à mes propres bornes. Nous sommes un groupe en pertes en 2009.

DUBREIL *l'interrompt.* Page 10 du document, vous vous comparez à vos pairs. Il apparaît que depuis 2005, tendanciellement, ATM se rapproche de ses pairs. Apparemment, sur les derniers exercices, la situation se redresse.

BASILICO. Vous n'allez pas vous plaindre qu'ATM améliore ses résultats.

DUBREIL. Il y a un instant, en vous écoutant parler, on était prêts à sortir les mouchoirs. On pense que votre présentation noircit le tableau.

BASILICO. Pas du tout.

DUBREIL. Si. Pour pouvoir nous expliquer qu'il faut stopper d'urgence l'hémorragie.

Dubreil frappe la table de son index tout en parlant.

On vous dit que la rentabilité d'ATM s'améliore et que l'arrêt du Polyrax ne doit pas avoir pour objectif d'augmenter les résultats du groupe. Les problèmes de Villeneuve-Saint-André sont réels. Le sujet c'est l'avenir de notre site, pas les résultats d'ATM. C'est complètement différent comme approche.

Un temps.

Couvelaire, qui, jusqu'à présent, regardait la table devant lui, tourne la tête vers Basilico.

BASILICO. C'est ce qu'on fait. On réfléchit à l'avenir de votre site.

Que notre rentabilité se redresse, heureusement : nous sommes partis de cinq pour cent. On est fragiles. Je vous l'ai dit, sur les six premiers mois, on est en pertes.

DUBREIL. Je ne conteste pas les pertes, mais nous résistons mieux que nos pairs. *Avec un rire furieux et ironique.* Les sept plaies d'Égypte ne se sont pas abattues seulement sur ATM !

BASILICO. Vous voulez polémiquer.

DUBREIL *redevient grave.* Non, madame Basilico. Simplement, on démarre une réunion tendue. Si, pour vous, donner une appréciation, essayer de comprendre une situation, c'est vouloir polémiquer, ça va être rock'n'roll. Il faut crever l'abcès tout de suite : vous devez nous dire ce que vous attendez des élus du CCE. La situation est très compliquée.

BASILICO *regarde Dubreil droit dans les yeux.* Elle ne l'est pas tellement. Mais il est vrai que l'on peut présenter la bouteille à moitié vide, ou à moitié pleine : moi, je vous la présente au milieu. Néanmoins, vous en serez d'accord, nous parlons, vous et moi, de la même chose.

Un temps. Long regard entre Dubreil et Basilico. Dubreil baisse les yeux au moment où Vallette prend la parole. Basilico se tourne alors vers elle.

VALLETTE. Madame Basilico, ce que vous dites est classique : l'œuf de la poule du voisin a toujours plus de protéines.

BASILICO. Je n'en sais rien. Chez nous, dans le Périgord, nous disons que l'herbe du voisin est toujours plus verte.

Je ne vous ai jamais caché que la situation s'améliorait. Heureusement. Car sinon, après tous les efforts de productivité qu'on vous a demandés, vous seriez en droit de nous réclamer des comptes sur les actions menées.

VALLETTE, *du tac au tac.* On estime être en droit de vous demander des comptes en toutes circonstances, même quand vous prétendez que les conditions ne sont pas réunies pour le faire.

Aujourd'hui, vous nous expliquez que le plan de 2005 n'a pas été suffisant, que vous n'êtes pas au bon résultat. Mais pourquoi n'avez-vous pas appliqué les mesures prévues par ce plan ?

Par exemple vous avez une chaudière sur deux qui est pour les oiseaux. Pourtant il ne fait pas très froid dans la région.

BASILICO. Les coûts d'énergie sont marginaux par rapport aux pertes du site.

DUBREIL. Vous avez tout de même écrit, attendez...

Dubreil feuillette le document pour retrouver le passage.

BASILICO, *à Dubreil.* Bon, écoutez, on ne va peut-être pas...

DUBREIL *l'interrompt vivement, tout en feuilletant le document.* Bien sûr que si. Vous n'allez pas vous en tirer comme ça. Voilà : « Avec ses installations de production vapeur anciennes, son réseau vapeur complexe et générateur de pertes, l'établissement de Villeneuve-Saint André se retrouve à avoir un prix d'accès à la vapeur bien au-dessus de celui des autres sites. »

BASILICO. Le problème de Villeneuve-Saint-André n'est pas seulement technique. Pour les aspects techniques, on trouve des solutions. Nous sommes surtout sur des problématiques de marchés, de produits. Ce qui mettra le site à l'équilibre ce n'est pas l'industriel, c'est la partie économique, ce sont les ventes. Produire pour produire ne sert à rien.

VALLETTE. Je vous accorde que les marchés évoluent : nos produits ne sont plus adaptés à la demande. Mais est-ce que vous avez mis en place un outil permettant d'évoluer vers de nouveaux produits ? Est-ce que vous avez prévu une recherche et développement pour d'autres molécules ? La réponse est non.

Au niveau industriel, le plan de 2005 n'a pas été étudié comme il devait l'être. Il a été conçu en haut d'une tour : les instances techniques locales n'ont même pas été consultées.

COUVELAIRE. Que tout n'ait pas été effectué, c'est vrai.

DUBREIL *l'interrompt.* Évidemment. Aujourd'hui vous prenez du gaz pour faire de la vapeur, à cette vapeur vous faites parcourir un kilomètre pour aller sur des batteries où elle s'amuse à chauffer les oiseaux. On peut rêver plus rationnel comme organisation. On se demande ce qu'ils vous apprennent, à Polytechnique, monsieur Couvelaire.

BASILICO. Je vous répète que ce problème est secondaire.

VALLETTE. Par échangeur et par an, deux cent trente mille euros de vapeur qui ne sert à rien.

Je prends note que pour vous de tels montants sont secondaires. Nous nous en souviendrons quand nous négocierons les indemnités des cent quatre-vingt-douze personnes qui vont devoir quitter le site.

COUVELAIRE. Je vous le répète : notre objectif est de revenir à l'équilibre. Je ne peux pas mieux vous dire.

PRADEYROL. J'espère que vous avez des chiffres qui tiennent la route.

COUVELAIRE. C'est ce qu'on espère également.

PRADEYROL. Vous me donnez parfois l'impression de lire dans une boule de cristal sur un coin de table, en vous disant à vous-même : cela devrait aller. J'espère que c'est plus profond.

COUVELAIRE. Vous savez bien que la situation n'est pas simple.

PRADEYROL. Comprenez nos interrogations.

COUVELAIRE *fixe du regard Pradeyrol avec autorité*. Quelle est l'alternative, selon vous, monsieur Pradeyrol ? Je vous écoute.

Un temps. Pradeyrol baisse les yeux. Dubreil est sur le point d'intervenir mais Basilico l'en empêche.

BASILICO. Bon. Avançons. Je vous propose de dérouler l'exposé et de répondre après à vos questions.

Basilico reprend son exposé.

C'est un ensemble. Il faut d'abord parler des résultats du groupe.

Au niveau mondial, il existe encore de fortes disparités. L'activité aux États-Unis rapporte beaucoup d'argent, en Europe un peu, en France pas tellement, à Villeneuve-Saint-André pas du tout.

Depuis cinq ans, en France, toutes les réformes structurelles que nous avons réalisées se sont traduites par une amélioration des résultats. Cette amélioration est due aux efforts que les salariés d'ATM ont fournis. Ceci devrait nous encourager à poursuivre dans cette voie. Cette voie est manifestement la bonne.

VALLETTE, *sous cape, avec ironie*. Ben tiens.

Basilico lance à Vallette un bref regard d'avertissement.

BASILICO. Je vais maintenant vous passer un PowerPoint. Je n'ai pas mis tous les chiffres mais ils sont à votre disposition, naturellement.

DUBREIL *l'interrompt brutalement.* Je n'ai pas à aller taper à votre porte. Vous devez me donner les chiffres.

Étonnement de Basilico.

BASILICO. On a toujours travaillé ainsi. Je vous ai toujours fourni ces chiffres-là. Maintenant, si vous voulez qu'on procède autrement...

DUBREIL. Je voudrais qu'on procède autrement.

Un temps. Tension. Basilico considère Dubreil avec incrédulité.

BASILICO. Même si on n'est pas d'accord, même si on s'oppose, je crois qu'on peut avoir une certaine confiance réciproque.

DUBREIL. Vous vous engagez trop.

BASILICO. Vous avez été élu par l'ensemble du personnel pour le représenter, j'ai donc *a priori* confiance en vous.

On a toujours travaillé ainsi. Je ne vais pas vous remettre un document de cinq mille pages avec l'intégralité des données comptables. Ces résultats ne sortent pas de mon chapeau.

DUBREIL. À la pause, je peux aller les chercher ?

BASILICO. Je peux vous les donner. Mais nous avons toujours travaillé ainsi.

Vallette. De toute évidence, la manière dont on a travaillé avec vous en 2005 n'a pas été si efficace puisqu'on est de nouveau dans cette pièce à discuter d'une énième restructuration. Vous nous avez dit à l'époque : je sais comment m'y prendre pour être à l'équilibre en bas de cycle en 2010. On peut voir le résultat.

Couvelaire. On n'y est pas, en 2010.

Dubreil, *cinglant*. On est en octobre 2009. Je n'ai pas eu de conversation à ce sujet avec Madame Irma mais à mon humble avis vous allez avoir du mal à respecter cet objectif.

Basilico. Quand vous savez que vous allez dans le mur, votre devoir est de donner un coup de volant ou d'appuyer sur la pédale de frein.

Dubreil. Les passagers, c'est nous. À la place du mort, ce n'est pas vous, madame Basilico. Vous vous en fichez, vous, avec vos jolis tailleurs, vos chaussures à talons.

Basilico. Je fais très attention aux passagers.

Dubreil. Cette nuit vous dormirez dans votre appartement des beaux quartiers. Sur vos deux oreilles. *À ces mots concernant son intimité, Basilico détourne le regard, indisposée.* Il est probable qu'un certain nombre d'entre nous n'arriveront pas à fermer l'œil, avec l'avenir qui nous attend.

Basilico. Je ne suis pas sûre que l'avenir de ce site soit aussi morose que vous le redoutez. Si on vous présente ce projet, c'est qu'on y croit. Le but d'une société c'est d'avoir des projets, de faire du développement, de recruter du personnel, pas de fermer des usines. On va relancer l'activité de Villeneuve-Saint-André au lieu de nous morfondre sur le déclin du Polyrax.

PRADEYROL. Il faut fiabiliser l'unité de production du CH8. Les outils ont cinquante ans.

BASILICO. Évidemment qu'on va les fiabiliser.

PRADEYROL. Je n'ai rien vu sur ce sujet.

BASILICO. C'est difficile d'avoir tous les détails dans un seul dossier.

VALLETTE, *cinglante, ironique*. Il faut donc vous croire sur parole.

En 2005, les investissements étaient chiffrés et programmés. Aujourd'hui, il n'y a rien. Il ne s'agit que de maintien.

BASILICO, *mal à l'aise, commence à s'emporter*. Vous ne pouvez pas nous reprocher tout et son contraire. Vous nous reprochez d'avoir fait un pari en 2005, et selon vous, aujourd'hui, on n'est pas assez ambitieux, faudrait savoir. On ne peut pas gagner à tous les coups, sinon ce serait formidable.

DUBREIL. Il ne faut pas jouer au poker avec les salariés, madame Basilico. Ce ne sont pas des jetons de casino.

BASILICO *continue sur le même ton emporté*. Effectivement on a fait une erreur d'appréciation sur le marché du Polyrax : on n'avait pas anticipé son déclin. Et alors ? Qu'est-ce qu'il aurait fallu faire ? Arrêter le Polyrax en 2005 ? C'est ça ? Il fallait fermer en 2005 ? C'est ce que vous auriez voulu qu'on fasse ? *Basilico hausse encore le ton, devient péremptoire.* Je peux vous dire qu'à l'époque vous n'aviez pas le même discours : vous étiez favorables au développement du Polyrax.

DUBREIL, *ironique, nullement intimidé.* Ne confondez pas notre niveau d'information et d'expertise avec le vôtre et celui de votre voisin, madame Basilico. J'espère en toute franchise que votre connaissance des marchés industriels est supérieure à la nôtre.

COUVELAIRE. Alors faites-moi confiance quand je vous dis que le CH8 est un produit sur lequel il convient de se recentrer.

DUBREIL, *à Couvelaire, avec autorité.* Arrêtez, avec cette langue de bois. Vous avez commis une erreur stratégique majeure, monsieur Couvelaire. Voilà la vérité. J'aimerais vous l'entendre dire. Cette erreur de stratégie aboutit à la suppression de cent quatre-vingt-douze emplois. Si, en 2005, vous aviez pris les bonnes décisions, on n'en serait pas là aujourd'hui. Les salariés d'ATM n'ont pas à faire les frais de votre incompétence.

Long regard entre Dubreil et Couvelaire, qui ne sait pas comment réagir. Dubreil savoure sa victoire, attestée par la durée de ce silence.

BASILICO *vient en aide à Couvelaire.* Bon. On va arrêter de parler du Polyrax puisqu'on est tous d'accord pour en abandonner la production.

Je voudrais aborder le deuxième volet du plan : la réorganisation du site.

Le CH8, si on conserve la structure de coûts actuelle, ce n'est même pas la peine de s'y mettre : c'est mort d'avance.

Vallette. Ça commence bien.

Dubreil. Je demande une suspension de séance.

Basilico regarde sa montre.

Basilico. Il est 12 h 40. Je vous propose de faire la pause-déjeuner. On reprendra à 13 h 50.

Ils se lèvent pour sortir de la salle de réunion.

4. VILLENEUVE-SAINT-ANDRÉ, MERCREDI 7 OCTOBRE, 01 H 20, APPARTEMENT DE DUBREIL, SALON.

Dubreil est immobile.

Bande-son : extrait du film Fanfan la Tulipe, *avec Gérard Philipe. On entend les dialogues et la musique juste avant et pendant le combat avec le colonel, sur le toit de la prison, à la fin de la première demi-heure du film.*

Quand le combat commence, Dubreil s'empare d'un sabre qui se trouve sur le sol, Couvelaire arrive et ils se battent pendant quelques minutes. C'est enlevé, enjoué, parfois grotesque, à l'unisson de la musique qui accompagne la scène.

Dubreil manie très bien le sabre, avec humour, espièglerie : il sourit. Couvelaire est moins habile, il est sérieux et maladroit, sans grâce.

Marianne entre, Dubreil s'en aperçoit et s'interrompt, ainsi que Couvelaire. La bande-son aussi s'arrête net.

MARIANNE. Qu'est-ce que tu fais ?

DUBREIL. Je regarde un film.

MARIANNE. Viens te coucher, il est deux heures, j'arrive pas à m'endormir.

DUBREIL. J'en ai pour une minute.

Dubreil regarde Couvelaire. Il lui signifie qu'il n'en a pas pour longtemps.

MARIANNE. C'est quoi cette nouvelle habitude ? Non seulement tu passes tes soirées à travailler, mais maintenant, après, tu te fous devant la télé ? Bientôt tu t'endormiras sur le canapé, je te verrai même plus dans la chambre.

DUBREIL. Ça me détend. Sinon j'ai du mal à trouver le sommeil. J'ai la tête comme un compteur.

Un temps.

MARIANNE. C'est quoi ?

DUBREIL. *Fanfan la Tulipe*. Avec Gérard Philipe.

MARIANNE. Tu regardes des films de cape et d'épée maintenant ?

DUBREIL. Non, ils passent ça sur le câble, je jette juste un coup d'œil. C'était mon film préféré quand j'étais gamin. C'est vachement bien d'ailleurs. Retourne te coucher, j'arrive, j'en ai pour une minute.

MARIANNE, *sèchement*. Non. Tu viens. Dépêche-toi. Je suis fatiguée. J'ai besoin de dormir.

Marianne attend que Dubreil la rejoigne.

Dubreil finit par ramasser le sabre de Couvelaire, il le lui tend avec le sien, Couvelaire s'éloigne, Dubreil sort de la pièce avec Marianne.

5. PARIS, MERCREDI 21 OCTOBRE, 19H45, SIÈGE SOCIAL D'ATM, BUREAU DE BASILICO.

Basilico a l'air lasse, voire dégoûtée.

BASILICO. Ils refusent les conditions qu'on leur a présentées. Ils n'ont pas fait dans la dentelle.

AGNÈS. Et les jokers qu'on avait mis de côté ?

BASILICO. Ça n'a servi à rien. *Elle se met à rire.* Au point où on en est, ils s'en tapent de nos mesures en faveur des seniors et des femmes seules avec enfants. Si l'écart à combler avait été raisonnable, je ne dis pas. Mais là l'écart c'est l'océan Atlantique, essaie donc de traverser l'Atlantique accrochée à trois pagaies.

AGNÈS. Qu'est-ce qu'ils t'ont dit ?

BASILICO. Que le PSE est à peine supérieur à ce que prévoit la convention collective, ce qui n'est pas faux.

AGNÈS. Ce n'est pas exact non plus.

BASILICO. On part de trop bas, les syndicats réclament trente-six mois, nous on s'obstine à leur offrir quinze mois accompagnés de quelques mesurettes, on se fout de leurs gueules.

AGNÈS. Vous n'avez qu'à lâcher du lest.

BASILICO. Lâcher du lest, tu me fais rire, on est dans un rapport de un à trois, comment tu veux négocier ? Ce n'est pas que je veuille absolument leur donner de l'argent, tu le sais, ce n'est pas mon genre, trente-six mois c'est beaucoup trop, je ferai tout pour qu'ils récupèrent le moins possible, je suis payée pour ça.

Agnès interrompt Basilico d'un raclement de gorge amusé, comme s'il était courant qu'elle ironise sur sa fibre « sociale ».

BASILICO. Arrête avec ça. Je veux juste pouvoir négocier dans des conditions convenables. Avec quinze mois j'ai à peine ouvert la bouche qu'ils se mettent à hurler, comment tu veux bosser ?

Agnès capitule avec un sourire.

Ils sont obsédés par les bénéfices de Victoria Capital sur l'exercice 2008. J'ai eu beau leur expliquer la situation, patiemment, ils font semblant de ne pas comprendre.

Un temps.

Exaspérée, sur le ton de l'évidence. Ce n'est pas parce qu'une personne est en parfaite santé qu'elle va accepter d'avoir un organe qui fonctionne mal.

AGNÈS. Et Couvelaire ?

Basilico souffle en haussant les épaules mais ne répond pas.

Qu'est-ce qu'il a encore fait ?

BASILICO. Pendant une interruption de séance, je lui ai dit qu'on devait leur lâcher quelque chose.

Il m'a répondu non : il fallait les laisser mariner.

J'ai recommandé à Couvelaire d'appeler Dollan pour l'informer que les discussions étaient suspendues.

Les discussions ne sont pas suspendues, voilà ce qu'il m'a répondu, sèchement, avec sa voix des mauvais jours. Je lui ai dit du tac au tac : elles le seront dans dix minutes.

J'avais peur qu'ils décident de se foutre en grève. Je l'ai fait savoir à Couvelaire pendant qu'il arpentait son bureau, il était comme un sanglier. Il sait que j'ai raison. Mais il préfère voir échouer les négociations et prétendre ensuite que c'est ma faute, plutôt que de déplaire à Dollan en admettant qu'on n'est pas capables de sabrer cette usine pour pas cher.

Il se la joue gros mâle.

Il m'a répondu je vous interdis d'appeler New York.

Elle imite Couvelaire. « Je vous interdis d'appeler New York. »

AGNÈS. Ce type est suicidaire.

BASILICO. Il est lâche.

Elle imite Couvelaire. « Si vous n'êtes pas

convaincue vous-même que vous allez y arriver, c'est sûr, vous n'y arriverez pas. »

Il a quitté son bureau sur cette phrase, il n'a même pas assisté à la fin du CCE.

AGNÈS. Où est-ce qu'il est parti ?

BASILICO. Il avait soi-disant un rendez-vous téléphonique. Heureusement qu'on avait pensé à lui faire signer une procuration pour que je puisse le représenter au CCE. Tu imagines, sinon ?

« Si vous n'êtes pas convaincue vous-même que vous allez y arriver, c'est sûr, vous n'y arriverez pas. »

AGNÈS *se met à rire*. Il n'aurait plus manqué que la réunion soit annulée pour vice de procédure.

Basilico éclate de rire à son tour.

AGNÈS. Allez, je t'emmène boire une bière, viens, prends tes affaires.

6. VILLENEUVE-SAINT-ANDRÉ, JEUDI 22 OCTOBRE, 11 H 30, LOCAL SYNDICAL, TRACT CGT.

DUBREIL. Hier a eu lieu au siège social d'ATM une réunion extraordinaire du comité central d'entreprise.

Il y a quinze jours, lors du premier CCE, les partenaires sociaux s'étaient montrés particulièrement responsables face au projet présenté par la direction. Nous pouvions nous attendre en retour à un volet social équitable en termes de reclassements, d'indemnités et de mesures d'accompagnement.

Bien mal nous en a pris.

Fidèles à leur réputation, vous offrez à ces rapaces un petit doigt, ils dévorent les prédispositions de son naïf propriétaire en une seule bouchée carnassière, de l'ongle jusqu'à la clavicule. Il faut se rendre à l'évidence, on ne peut pas accorder sa confiance à des individus qui prennent leurs ordres auprès du président de Victoria Capital, fonds de pension classé au troisième rang mondial.

Le combat est loin d'être gagné si l'on en juge d'après la rigidité constatée chez la directrice des ressources humaines, Mme Basilico, que nous avons connue plus inspirée. Après la deuxième interruption de séance, nous l'avons entendue nous déclarer : « Victoria Capital n'est pas une organisation philanthropique. Ses actionnaires sont impatients, ils ne sont pas dans le même temps que nous, ils fermeront votre site si vous n'êtes pas un peu plus à l'écoute. » Sur un ton sévère, elle a conclu : « On fait quoi maintenant ? Vous voulez vraiment la sauver votre usine ? On ne dirait pas... »

Il nous semble important de vous rapporter ces quelques phrases qui en disent long sur le climat actuel. M. Couvelaire est allé jusqu'à déserter la réunion, faisant planer par sa chaise vide la menace de représailles dévastatrices.

La CGT appelle les salariés à faire de mercredi une forte journée de mobilisation.

Nous comptons sur votre présence, dès 10 h 30, devant la préfecture, puis dans les rues de Villeneuve-Saint-André, et enfin aux portes de notre site.

7. NEW YORK, JEUDI 12 NOVEMBRE, 11 H 00, SIÈGE SOCIAL DU FONDS DE PENSION, BUREAU DU PRÉSIDENT[1].

DOLLAN. I would like to know exactly what you mean by the statement : negotiations have been stalled.

COUVELAIRE. The social partners, they refuse to go any further with the discussions. We are in a cul-de-sac.

DOLLAN. A woman in the office showed me some images online. Workers blocking trains, smoke bombs, at one point they're grilling sausages in front of the factory, a goddamn proletariat picnic. It's a good-looking factory, brick walls, old-fashioned chimneys, wrought iron gates, I'd

1. Version française du tableau page 162. (*N.d.A.*)

guess from the nineteenth century. Picturesque, just picturesque.

COUVELAIRE. That is the main entrance, it is original. You can trust me that behind, it is a not so old building.

DOLLAN. The Internet is just great: we can be directly transported from New York to an old factory in France. I even heard my name used in one of the slogans being shouted through a megaphone: *Dollan, Dollan, Dollan.* The leaders' faces are perfectly clear, there is one, a little heavy, with a thick moustache, he seemed particularly passionate.

COUVELAIRE. That is Denis Dubreil. Do not even speak to me about him. I would not be surprised if he was a Trotskyist!

DOLLAN. There are still Trotskyists in France? You're all crazy. Soon enough, everyone in France will be unemployed and just spend their days sitting in bars drinking red wine.

Couvelaire regarde Dollan sans répondre.

Un temps.

DOLLAN. I *seem* to be taking everything in stride, speaking of it all lightly, but don't doubt that I am angry. I am absolutely furious.

COUVELAIRE. I am myself very upset by this blocking.

DOLLAN, *sèchement.* Unless I am mistaken, you are in charge of this company.

COUVELAIRE, *un peu inquiet.* But I remind you,

we decided to put Basilico in the front line, it is what I did, I do not know how she worked. I was not there for the end of the famous meeting, when all of the negotiations blew up.

DOLLAN, *sèchement*. If this woman was not going to implement an iron fist, you should have known, or at least have seen it earlier.

Couvelaire baisse le regard. Dollan est de plus en plus irrité.

What are we going to do, *now* ?

Un temps.

COUVELAIRE. She is waiting in the other room; it is better, maybe, to question her in direct.

DOLLAN, *après quelques instants d'hésitation*. Fine, go get her.

Couvelaire sort. Pendant son absence, Dollan se lève, fait quelques pas en réfléchissant, consulte sa montre, secoue la tête pour lui-même, exaspéré. Il décompose avec son bras, lentement, à deux reprises, le geste du revers, assez parfait dans son déroulement.

Couvelaire revient avec Basilico.

DOLLAN, *glacial, à Basilico*. Sit down.

Basilico s'assied.

I hope you had a good trip.

Basilico lui signifie par un sourire que cela n'a aucune importance.

Un temps.

I am making an effort not to get angry. I am a little like that sky you see out the window, dark, ready to explode. As a matter of fact, they've announced a snowstorm – and it's only November 12th, what chaos. *À Couvelaire.* In regard to that, when is your flight?

COUVELAIRE. Tonight at nine.

DOLLAN. You won't be able to take off. Haven't you heard the news ? *Couvelaire fait non de la tête. À Basilico.* You neither ?

BASILICO. We got here last night.

DOLLAN. Well, that's what you call a round trip.

They are announcing a huge snowstorm, it's been all over the news, like hasn't been seen since 1882. Me, who love anomalies, well, this year, I have had my fill. Even if I was disappointed, with the Indian summer, really disappointed. Do you remember the incredible light in September, the last time? *Silence de Basilico et Couvelaire. Ils se contentent d'approuver d'un signe de tête et d'un sourire. Dollan poursuit, sur un ton affirmatif.* No, you have already forgotten, you don't remember. It isn't surprising that you are capable of putting yourselves in inextricable situations. When you have so little sense of the present moment, of changes, movments... *Il insiste, avec une réelle incrédulité.* Really, you don't remember?

COUVELAIRE *sourit.* Yes yes, of course.

BASILICO, *lasse, d'une petite voix.* Yes, it was sublime.

DOLLAN. Well, can you believe, this magnificent Indian summer didn't last any longer than your pitiful negotiations: not even ten days. After, everything began to wither; we entered into the most gloomy, rainy autumn, systematically measured by all your panicked emails.

Yet, you left this office last month, assuring me that the financial means I left at your disposal were sufficient. You presented yourself as an expert, even had that slight arrogance we always see in the French when we dare to question their ability.

Dollan s'interrompt.

You're keeping your coat on ?

Basilico fait oui de la tête.

DOLLAN. Are you cold ?

BASILICO, *négligemment*. It's fine.

DOLLAN, *dubitatif*. OK.

Un temps.

BASILICO, *prudente.* I did warn you that the proposed settlement was insufficient. That the unions would refuse it.

DOLLAN, *avec mépris*. But I didn't think we would be dealing with strikes. I didn't imagine that they would block the trains, that they would grill sausages in front of the factory during working hours; all of it being documented by CNN. I didn't believe that with a director of HR like you, they would go to see their congressman. I'm surprised they haven't been in to see the secretary of the Treasury.

BASILICO, *craintive, hésitante*. They have a meeting next week.

DOLLAN, *avec ironie*. This gets better and better. No one thought it was a good idea to inform me of this new development.

BASILICO. It happened an hour ago. I am just hearing about it via a Tweet posted by Dubreil.

DOLLAN. Dubreil?

BASILICO. One of the union workers.

COUVELAIRE. The man with the moustache we were speaking about earlier.

DOLLAN. This man seems to be particularly bold, judging by his actions in front of the gates.

BASILICO. Not only in front of the gates. He is a formidable negotiator, he has political ambitions, I think he will go far within his union branch.

DOLLAN, *avec irritation, exaspéré*. Seriously, how is it possible that you have so little control of this situation?

BASILICO. I told you last month that we should be ready for a twelve-month confrontation at least.

DOLLAN, *avec dédain*. I don't think I heard you say that particular phrase. I would have remembered it. It would have hit me.

BASILICO, *ferme*. I told you we would be facing serious difficulties.

DOLLAN *s'énerve, il se met à hurler, la tension s'accentue. Pendant qu'il s'en prend à elle, Basilico réajuste légèrement son manteau, comme si la température avait encore fraîchi ou qu'elle devait se protéger d'un courant d'air glacial. Néanmoins, elle soutient le regard de Dollan sans trembler.* Serious, what does that mean? The word serious, what does it signify? In and of itself, it means nothing, we use it everyday anecdotally. My wife throws it out there every ten minutes; in her eyes everything is serious.

You were not "*serious*" enough in emphasizing the word serious. You were not specific.

Un temps.

Il cesse de hurler mais reste agressif.

When I spoke to you a month ago, never once did the image of workers blocking the railroad tracks cross my mind.

BASILICO, *posée, quoiqu'un peu ébranlée.* I am sorry that we did not understand each other.

DOLLAN. You know, the day after our agreement on the necessary cut backs within this factory, in this exact same office, I gave my team the order to shut down four others. Two in the United States, one in Italy and one... I don't even remember where... In England. Four factories, four different companies. Would you like to know where they are, your counterparts? Are you interested?

Yes? You would?

BASILICO. Yes.

DOLLAN. All is going according to projected estimates. Your colleagues have overcome the obstacles. Why? They anticipated them. I was dealing with professionals. You are the only one suffering a failure.

Un temps.

Watching you shiver like that, I'm getting a chill myself. Is everything OK ?

BASILICO *lui fait signe que tout va bien et enchaîne.* Yet, I did take the time to explain to you how much power the French unions hold.

Déterminée, concentrée, Basilico regarde Dollan dans les yeux pendant toute la durée de leur échange, sans reculer ni faiblir.

DOLLAN, *de nouveau cinglant.* Because you think that the unions in Italy are spending their days trolling around on scooters, the wind in their hair? Sitting at cafes, sipping Campari and watching girls pass by?

BASILICO. You did not really listen to me last time. Or perhaps did not hear me, which involves the same result. We have not reached the end of this problem, it is just beginning.

DOLLAN, *avec agressivité.* Instead of admitting your failure, you pass the blame to other people. But continue, bowing down to the unions, this is the next step you are envisioning?

BASILICO. I envision the next step with the same clarity that I proposed to envision the first step a month ago. We need to take into account the positioning of the unions; they are not going to concede for so little.

DOLLAN *éclate de rire.* For so little?

BASILICO. The unions have lost perspective, it is true, but let me tell you one thing, the amount that you are dreaming we impose on them is just as unreasonable as what they are asking for. I have the feeling I have children on both sides of these negotiations, children in a continuous tug of war, who refuse to work together.

DOLLAN. I don't appreciate the tone you are taking when speaking to me about this matter.

BASILICO. I am attempting to be more forceful than the last time: I would like to go less unnoticed. *Un temps. Tension.* If you do not find the solution I am going to propose appropriate, I will resign.

Dollan regarde Basilico quelques instants. Comme s'il révisait son opinion à son sujet à partir de ce qu'il vient d'entendre.

DOLLAN. Tell me, how do you propose we get out of this cul-de-sac? (To use Jean-Paul's earlier expression.) *Échange de regards entre Basilico et Couvelaire.* And don't answer that I am going to have to pay, or I will replace you with an independent negotiator starting tomorrow. I can get an excellent recommendation from an American firm I work with in Paris.

BASILICO. I have not moved from my initial proposal. We place the limit at the maximum level plan, meaning twenty-four months. I guarantee I can get them to accept twenty-four months.

Un temps relativement long. Dollan réfléchit. Basilico le fixe du regard.

DOLLAN. We offer them the mid-level plan. We

set a limit somewhere between the mid-level and the maximum plan.

BASILICO. Allow me to insist. As I have told you, I cannot restart the negotiations, with even a slight chance of success, if I am not able to...

Un temps.

COUVELAIRE, *à Basilico*. Élisabeth.

Un temps relativement long. Basilico et Dollan se considèrent fixement. Couvelaire fait aller son regard de l'un à l'autre.

DOLLAN. You really seem to be freezing.

BASILICO. I'm just a little cold.

DOLLAN. Sorry, I like to work in a cold climate, sixty degrees maximum, it's healthier, few people appreciate this clinical atmosphere. If our conversation is going to have a follow-up (and judging by our differences, I imagine it is), I will get Lynn to turn the temperature up.

BASILICO. Look, it's snowing.

Dollan se précipite vers les baies vitrées, d'où il peut voir les premiers flocons tomber sur New York. Il parle en regardant dehors, il se retourne de temps en temps, Basilico et Couvelaire sont restés assis.

DOLLAN. At the exact moment when things begin to take shape, I always feel a little exhilarated: my desire to live intensifies. This is probably due to my entrepreneurial spirit: I love a start-up. *Il se retourne vers Basilico et Couvelaire*. Don't you? *Il regarde de nouveau par la fenêtre*. Look how beautiful it is; soon the tip of the Empire State Building will be coated in sugary snow, like the top of a cake. *Basilico se lève et rejoint Dollan, qui l'accueille d'un sourire. Ils regardent la neige tomber. Couvelaire a l'air de s'ennuyer, il regarde sa montre.* The other day I was in the car, heading to Long Island to join my wife for the weekend, and it began to rain. Well, as the first drops hit the windshield of my Jaguar, I thought great, it's raining (as I don't really like the rain, it was strange), and then an idea hit me. *À Basilico.* Do you understand what I am getting at? This simple beginning of a commonplace change in the weather set off a jolt of joy in my brain, and this vital jolt unleashed a meteoric intellectual process. *Un temps. Couvelaire les rejoint mais reste derrière eux, comme en retrait. Dollan regarde fixement Basilico.* It is one of the greatest ideas I have ever had. I immediately called my lawyer, he made the transaction happen in two hours, it made me fifteen million dollars. *Dollan claque des doigts.* Just like that, in a fraction of a second, thanks to some rain drops. *Un temps. Il se retourne vers Couvelaire.* Do you like the snow, Jean-Paul? *Couvelaire se racle la gorge et approuve d'un signe de tête accompagné d'un sourire. À Basilico.* And you Élisabeth?

BASILICO, *rêveusement, sans regarder Dollan, absorbée par le spectacle de la neige qui tombe du ciel de New York.* I love it. It's my favorite weather. I have always wanted to see New York with snow. Since I was little. *Un temps*. I am really lucky.

Basilico regarde dehors. Dollan fixe son profil avec une évidente satisfaction. Au bout d'un moment, Basilico se tourne vers Dollan. Ils se regardent longuement.

DOLLAN, *à Basilico, lentement, en détachant chaque phrase*. OK. *Un temps*. OK for twenty-four months. Go ahead. But watch it, I do not want to see you again regarding this matter, I do not want to hear about this factory for a very long time. In my mind, this affair is closed, you have run out of excuses to fail. Understood?

Basilico répond par un sourire.

DOLLAN, *à Couvelaire*. Jean-Paul, I have a few things to go over with you, stay. *À Basilico*. Élisabeth, we will see each other later, thank you. Go warm up in Lynn's office, the thermostat is set at a more human level.

Basilico sort du bureau.

8. PARIS, LUNDI 16 NOVEMBRE, 23 H 15, CHAMBRE D'HÔTEL DE DUBREIL.

Dubreil est immobile.

Bande-son : extrait du film Pulp Fiction, *de Quentin Tarantino.*

On entend l'intégralité de la scène du concours

de twist, depuis les paroles de l'animateur « Ladies and Gentlemen... », voire un peu avant, jusqu'à la coupure.

À un moment, Dubreil s'avance et retire ses chaussures.

Quand la musique commence, Dubreil se met à danser avec fantaisie et inventivité, bonne humeur, dans l'esprit de ce que fait Travolta dans le film mais sans forcément le reproduire.

On devine qu'une femme danse avec lui.

9. PARIS, MARDI 17 NOVEMBRE, 09 H 45, SIÈGE SOCIAL D'ATM, DANS UN COULOIR À PROXIMITÉ DE LA SALLE DE RÉUNION.

BASILICO. J'étais en train de partir quand je suis tombée sur Dubreil dans l'ascenseur.

COUVELAIRE, *distraitement, lisant un message sur son téléphone*. Quand ça ?

BASILICO, *un peu étonnée par la question*. Eh bien, hier soir.

COUVELAIRE. Ah. Et ?

BASILICO. Comme il pleuvait des trombes je l'ai accompagné au métro en voiture, on s'est retrouvés dans les embouteillages. On ne savait pas si on devait parler du CCE d'aujourd'hui, mais on a fini par le faire.

Je lui ai dit qu'à force de batailler j'avais obtenu à New York un PSE qui me semblait juste : j'étais heureuse, j'espérais qu'ils le seraient également, Dubreil m'a répondu moi aussi. Alors je l'ai prévenu, je lui ai dit que Dollan n'irait jamais jusqu'à trente-six mois, *jamais*, même s'ils devaient faire grève pendant dix ans… Mais peut-être que vous-même, en fait, vous n'y avez jamais cru… c'est ce que j'ai demandé à Dubreil de but en blanc, comme ça, dans les embouteillages. Il a hésité, et puis il m'a répondu non, je n'y ai jamais cru.

Couvelaire consulte son téléphone sans réagir.

C'est la première excellente nouvelle que je voulais vous rapporter.

COUVELAIRE *continue de manipuler son téléphone*. OK. Il y en a d'autres ?

BASILICO, *après un temps d'arrêt, de stupeur*. Je ne savais pas si on pouvait se dire grand-chose de plus, on regardait les essuie-glaces un peu gênés, il tombait vraiment des cordes. Alors il a continué, il m'a dit que si notre offre tranchait la poire en deux entre quinze et trente-six cela devrait pouvoir marcher.

COUVELAIRE *range son téléphone dans sa poche*. Combien vous dites ?

BASILICO. Entre quinze et trente-six. Je venais juste de m'arrêter, je lui ai fait remarquer que nous étions arrivés à destination. Il m'a tendu la main, je l'ai serrée, il est sorti, puis il s'est mis à courir sous la pluie vers la bouche de métro. Je l'aime bien, dans le fond : il est intelligent. Nous avons fait un grand pas en avant, hier soir.

COUVELAIRE. Enfin bon, on n'y est pas encore : je ne fais que modérément confiance à ce type.

BASILICO. Notre poignée de main, c'était un peu comme un pacte.

COUVELAIRE, *par-dessus la phrase de Basilico.* La moyenne entre quinze et trente-six, c'est vingt-cinq cinq. Nous, combien on leur propose, vingt-quatre, c'est ça ?

BASILICO. On va démarrer à vingt-deux et on ira jusqu'à vingt-quatre. C'est mon fameux plan haut.

Le téléphone de Couvelaire sonne, il le sort de sa poche et regarde l'écran.

Au besoin on montera légèrement, l'écart n'est pas bien grand avec le vingt-cinq cinq évoqué hier soir dans ma voiture. Il n'est pas exclu non plus que Dubreil m'aide discrètement à faire baisser les autres.

COUVELAIRE. Pardon, c'est ma femme. *Il prend l'appel. À sa femme.* Attends une minute, je termine une conversation. *À Basilico.* Pour résumer, vous êtes plutôt confiante.

Basilico approuve en souriant.

Parfait, à tout de suite, j'en ai pour deux minutes.

Basilico. On se rejoint dans la salle de réunion. Le CCE commence à dix heures pile.

Couvelaire s'éloigne en téléphonant.

Dubreil fait son apparition, visiblement en colère. Il s'adresse à Basilico sur un ton agressif, son comportement est brutal, chaque phrase qu'il prononce est comme un coup qu'il lui assène.

Dubreil. Je viens d'apprendre que des Chinois sont en train de visiter l'usine de Pessac, vous cherchez à la vendre, ne niez pas, on tient cette information d'une source sûre. Ce ne sont pas les premiers à faire le déplacement, hier matin c'était la direction d'un groupe allemand, vous les faites passer pour de futurs clients mais ce sont des acquéreurs potentiels.

Basilico. Je vous ai dit cent fois qu'aucune usine ne sera vendue dans les cinq ans à venir. Qu'est-ce qui vous prend d'en douter aujourd'hui, à cause d'une vague rumeur ?

Dubreil. Ce n'est pas une rumeur, c'est une information vérifiée.

Basilico. À dix minutes du CCE, comme par hasard ? On est à deux doigts d'un accord, je me suis battue comme une furie pour amener Dollan à mes vues (je n'en suis pas revenue moi-même) et c'est précisément à ce moment-là qu'une information *vérifiée* vous parvient ? Vous savez, il y aura toujours des personnes pour préférer ne pas conclure d'accord, pour faire en sorte que la lutte continue : ceux-là vont à l'encontre de l'intérêt des salariés. Vous feriez mieux de garder vos forces pour la réunion qui s'annonce, elle commence dans cinq minutes, ça au moins c'est tangible.

DUBREIL. C'est ça, allez-y, causez, continuez, enfumez-moi. Ça, pour savoir parler, vous savez parler. Mais c'est fini, ça ne marche plus, je ne vous crois plus, c'est terminé vos mensonges.

Quand j'y pense, comment j'ai pu, *putain*, mais comment j'ai pu me laisser piéger ?

Furieux contre lui-même.

Qu'est-ce que je suis con, *putain*, mais qu'est-ce que je suis con.

BASILICO. Je ne vous ai pas piégé.

DUBREIL. Je les comprends mieux, maintenant, vos phrases mielleuses. *Il imite Basilico.* « Je garde un excellent souvenir du train qu'on prenait ensemble, le 18 h 17, vous vous souvenez ? » Mon cul oui. On ne devrait jamais baisser la garde, on devrait toujours garder tous ses *a priori* : c'est ce qu'on a de plus précieux, les préjugés, j'en ai toujours été convaincu, je ne comprends pas comment j'ai pu penser…

Dubreil s'interrompt, furieux.

BASILICO. Maintenant ça suffit. Vous vous adressez à moi sur un autre ton. Ou c'est moi qui annule le CCE.

DUBREIL. À partir d'aujourd'hui, entre nous, c'est la guerre, vous paierez cher d'avoir trahi ma confiance.

Basilico. Cette usine n'est pas à vendre. On veut seulement nous diviser.

Dubreil. On a appris l'existence de ce projet par une indiscrétion du directeur financier.

Basilico, *étonnée*. Qui, Pérignon ?

Dubreil. Arrêtez ce cinéma, c'est insupportable.

Basilico regarde Dubreil avec un léger sourire en secouant lentement la tête, comme pour lui signifier qu'il est bien crédule.

Jusqu'au bout, vous me mentirez *jusqu'au bout*, je n'en reviens pas, c'est incroyable. Quand je pense que j'ai failli vous donner mon accord. *Avec une ironie méchante*. Putain, votre petit jeu de séductrice, vos confidences sur les détails du PSE, comme ça, gentille, dans votre 4 × 4 intérieur cuir, l'air de pas y toucher… *Dubreil redevient brutal*. Toute cette hypocrisie merdique pour qu'en décembre vous receviez un gros paquet de stock-options. *Un temps.* Je ne sais pas ce qui me retient de vous traiter… de… de…

Basilico. De pute ?

Dubreil. On ne coupera aucune poire en deux, la poire n'existe plus, vous l'avez fait disparaître, c'est un rocher à la place de la poire, vous allez y briser vos jolies dents.

Dubreil s'interrompt quelques secondes pour reprendre son souffle et essayer de se calmer. Il reprend moins violemment, mais toujours avec agressivité.

Vous vous rappelez, hier soir, dans votre 4 × 4, avec Mozart en sourdine…

BASILICO *l'interrompt.* Monteverdi.

DUBREIL, *brutal.* On s'en fout. Mozart, Monteverdi, c'est la même chose…

BASILICO *l'interrompt de nouveau, sur un ton amusé.* Excusez-moi, ce n'est pas tout à fait pareil. C'est comme si vous disiez que vous et moi…

DUBREIL *l'interrompt à son tour.* C'est ça, faites la maligne, profitez-en : dans une heure vous êtes morte.

BASILICO, *suave, dans la séduction.* Dans une heure vous ne saurez plus où vous mettre.

DUBREIL. Vous m'avez dit qu'on pourrait faire grève pendant dix ans, Dollan ne lâcherait pas. OK, vous l'aurez cherché : on va faire grève jusqu'à ce qu'il lâche, on va y aller à fond, avec tous les médias derrière nous, l'opinion publique, les politiques.

Vous allez en chier.

BASILICO, *indulgente, avec douceur, toujours inébranlable.* L'usine de Pessac n'est pas à vendre.

DUBREIL. Vous n'avez que ça à la bouche.

BASILICO. Ou si elle l'est c'est qu'on l'aura décidé sans en prévenir la DRH. Ainsi, mon cher Denis Dubreil, délégué CGT de Villeneuve-Saint-André, nous serons deux à nous être fait posséder par la direction d'ATM.

DUBREIL. Le moment est mal venu pour faire ce

genre d'humour, vous ne m'amusez pas, vous êtes en train de vous foutre de ma gueule.

Basilico soupire avec délicatesse et sourit à Dubreil, pour le convaincre de sa bonne foi.

Vous êtes vraiment capable de tout, je n'en reviens pas. Mais ça ne marche pas, c'est trop facile. Vous ne ferez croire à personne que la DRH d'ATM n'a pas été informée par ses patrons qu'une usine est en vente, alors qu'elle passe son temps avec eux.

BASILICO. C'est donc bien qu'elle n'est pas à vendre.

Basilico et Dubreil se regardent pendant quelques secondes. C'est une épreuve de vérité. Par son regard et l'expression de son visage, Basilico affirme qu'elle ne ment pas. Dubreil tressaille, fait quelques pas, réfléchit puis reprend la parole, mais calmement cette fois.

DUBREIL. D'accord. Je suis tout prêt à vous croire. En attendant, le CCE n'aura lieu que si vous m'apportez la preuve de ce que vous avancez.

BASILICO. Je vais aller chercher Couvelaire, il vous le confirmera lui-même.

Basilico s'éloigne et va rejoindre Couvelaire qui est en train de terminer sa conversation téléphonique.

COUVELAIRE. Excusez-moi, je sais, je suis en retard, mais vous pouviez commencer sans moi.

BASILICO. Je viens d'avoir une altercation avec Dubreil.

COUVELAIRE. Qu'est-ce qu'il nous veut encore celui-là ?

BASILICO. L'usine de Pessac serait visitée en ce moment même par des industriels chinois. On voudrait la leur vendre. Il dit tenir cette information de Pérignon.

COUVELAIRE. Pérignon lui a dit ça ?

BASILICO. Il faudrait confirmer à Dubreil que cette information est fausse.

COUVELAIRE. Cette information est exacte.

BASILICO, *estomaquée*. Comment ça cette information est exacte ?

COUVELAIRE. On allait vous en parler. De toute manière, vous auriez été contre.

BASILICO, *cinglante, glaciale*. Je vous rappelle qu'on s'est engagés, vous, moi, à ne pas toucher au périmètre du groupe. Ma négociation repose sur ce postulat. Vous le retirez, tout s'effondre : le PSE qu'on est allés chercher à New York tombe à l'eau.

COUVELAIRE. D'abord, l'usine de Pessac n'a pas été vendue, nuance, elle est seulement visitée.

BASILICO, *furieuse*. Mais elle est en vente, non ?

COUVELAIRE. Nous avons fait savoir à nos concurrents que nous souhaitions nous en défaire. Les intérêts se multiplient, un certain nombre de visites sont prévues. Votre PSE sera signé depuis longtemps quand nous serons en mesure d'annoncer sa cession. Je ne vois pas où est le problème.

BASILICO *se met à hurler*. Mais on est où, là ? On est où ? Qu'est-ce que c'est que ce cirque ? Vous mettez en vente une usine dans mon dos, en pleine négo d'un PSE hypertendu, avec des partenaires sociaux qui sont à cran ? Vous ne le voyez pas qu'ils sont à deux doigts d'exploser ?

COUVELAIRE. Ne soyez pas catastrophiste, la colère vous enlaidit. Dollan a fait un gros effort, il vous a lâché ce que vous demandiez. Faites votre métier, laissez-nous faire le nôtre.

Basilico se détourne de Couvelaire et s'apprête à s'éloigner quand Dubreil apparaît devant eux. Il regarde Basilico et remarque son agitation, les restes de sa colère. Elle essaie de se calmer, quelques instants s'écoulent, Dubreil se tourne ensuite vers Couvelaire.

DUBREIL. J'ai une question à vous poser. L'usine de Pessac a-t-elle été, oui ou non, mise en vente ? J'attends de vous une réponse claire. Je vous écoute, monsieur Couvelaire.

Couvelaire attend quelques instants puis se tourne vers Basilico, sur le visage de laquelle se pose alors le regard de Dubreil. Tout se passe comme si Basilico était responsable de cette dissimulation et que Couvelaire avait besoin de son aval pour débloquer l'information.

DUBREIL, *à Basilico*. Alors ?

BASILICO. Écoutez…

DUBREIL *s'énerve*. Non, je ne vous écoute plus, vous n'allez pas recommencer à m'embrouiller.

Basilico se tourne vers Couvelaire dont le visage lui intime subtilement de répondre oui.

Basilico, *à Dubreil.* C'est vrai.

Dubreil, *furieux.* C'est bien ce que je pensais. Putain. On s'est bien fait baiser la gueule.

Basilico. On ne pouvait rien vous dire, ç'aurait été un délit d'entrave, on en parlera calmement dans les instances qui conviennent. On va vous expliquer nos motivations. Tout va bien se passer, ne vous inquiétez pas.

Dubreil *parle en même temps que Basilico, de plus en plus furieux.* Le CCE est annulé. Préparez-vous au pire. Je peux vous dire que vous allez le payer cher. *À Basilico.* Surtout vous. Je vous le promets, vous allez vous en mordre les doigts.

Dubreil s'éloigne.

Couvelaire, *froidement, à Basilico.* Bravo, bien joué, je vous félicite.

Couvelaire s'éloigne à son tour, laissant Basilico toute seule.

10. PARIS, MARDI 17 NOVEMBRE, 13 H 30, BUREAU DE L'AVOCATE.

Agnès est au téléphone avec son mari. Elle lui raconte sa conversation avec Basilico.

Agnès. Élisabeth m'a appelée ce matin catastrophée, elle devait avoir aujourd'hui un CCE hyperimportant, il a été annulé au dernier moment à cause d'une bourde de son patron, ce type n'en rate pas une. Elle voulait qu'on se voie pour en parler.

BASILICO. Le plus tôt possible. C'est vraiment la merde. Je ne sais pas quoi faire.

AGNÈS. Je lui ai dit que je ne pouvais pas : ma journée est infernale, j'ai des rendez-vous qui s'enchaînent, c'est impossible, tout est booké. Je lui ai dit demain matin. À la première heure, même, si elle voulait.

BASILICO. Tu ne peux pas me faire ça. Annule un rendez-vous.

AGNÈS. Je lui ai répété que c'était impossible.

BASILICO. Alors ce soir.

AGNÈS. Je lui ai dit que normalement j'allais à l'opéra. Mais qu'au pire je pouvais toujours annuler, si vraiment c'était indispensable.

BASILICO. J'aimerais bien. Tu es gentille. Franchement ce soir ce serait mieux.

AGNÈS. Ça m'embête de planter mon mari, il avait très envie de cette soirée.

BASILICO. Je sais, mais reconnais que la situation…

AGNÈS. Écoute.

BASILICO. Agnès, essaie. J'ai besoin de tes conseils, s'il te plaît.

AGNÈS. J'ai proposé à Élisabeth que son mari prenne ma place, vous pourriez y aller tous les deux. Il est sympa Bernard, tu m'as dit l'autre jour que tu t'entendais bien avec lui, qu'est-ce que tu en dis ? Pendant ce temps nous on travaille, je la conseille, on se retrouve tous ensemble pour dîner.

BASILICO. Je te revaudrai ça, j'appelle Bernard tout de suite pour savoir s'il est d'accord. Qu'est-ce que c'est comme opéra ?

AGNÈS. Heureusement que tu m'en as reparlé ce matin dans la salle de bains, j'avais encore le titre en tête, sinon je serais vraiment passée pour une inculte.

BASILICO. *Kátia Kabanová* ? Génial, Bernard adore Janáček. C'est super, ça va lui plaire comme idée. En plus en ce moment c'est pas terrible à la maison, ça va peut-être lui faire du bien. Rejoins-moi au bureau vers vingt heures si tu veux.

AGNÈS. Son mari adore Janáček. Entre parenthèses, j'ai l'impression qu'il y a de l'eau dans le gaz. Si tu es d'accord, j'ai proposé à Élisabeth qu'on se retrouve tous les quatre après le spectacle.

BASILICO. Je réserve une table au Café de la Paix.

11. PESSAC, MARDI 17 NOVEMBRE, MINUIT, VESTIAIRE DE L'USINE.

Musique : Janáček, Sur un sentier broussailleux, *pièce n° 10 « La chouette ne s'est pas envolée ! », interprétation de Leif Ove Andsnes.*

Deux hommes âgés d'environ cinquante-cinq ans retirent leurs vêtements de travail et les rangent dans leurs casiers, leurs gestes sont empreints d'une certaine solennité, ils s'adressent des regards, des sourires.

Les deux hommes revêtent chacun une chemise, un pull en laine et un costume vieilli, ils se nouent l'un l'autre leur cravate avant de se laisser tomber lentement sur le sol, comme s'ils perdaient toute consistance. Ils finissent l'un sur l'autre comme deux pantins désarticulés.

12. PARIS, MERCREDI 18 NOVEMBRE 07 H 15, APPARTEMENT DE BASILICO.

Dans leur cuisine, Basilico, assise, déjà habillée, et Bernard, debout, en peignoir ou en vêtement d'intérieur, boivent du thé, et du café.

BERNARD. Tu fais quoi aujourd'hui ?

BASILICO. À midi on voit Couvelaire avec Agnès pour le convaincre de suspendre la vente de cette foutue usine.

À neuf heures j'ai rendez-vous avec un couple dont le mari a demandé sa mutation en Chine.

BERNARD. Plus j'y pense, plus je me dis qu'elle était vraiment géniale cette mise en scène de *Kátia Kabanová*.

BASILICO. Pourquoi tu ne prends jamais de

places ? Regarde Agnès, c'est son mari qui les abonne, ils passent leur temps à voir des trucs.

BERNARD. Tu as raison, il faudrait que je prenne le temps.

BASILICO. On gagne beaucoup d'argent, on travaille comme des brutes, on ne sort quasiment plus.

BERNARD, *légèrement irrité*. Ça va, je te l'ai dit, je vais m'en occuper.

BASILICO. Ce ne sont pas des phrases à la légère : je trouve qu'on ne fait plus rien.

Je ne comprends pas ce qui s'est passé pour qu'on en arrive à cet état de passivité.

BERNARD. Le travail j'imagine. Toi dans ta boîte et moi à l'hôpital : quand on rentre le soir, on n'a qu'une envie...

BASILICO *l'interrompt*. C'est une erreur. On devrait aspirer à la même intensité qu'au boulot. Je ne dis pas tous les soirs, mais là franchement on a de la marge.

Je te l'ai dit plusieurs fois, tu n'entends pas.

Ma vie est de plus en plus creuse.

BERNARD. Ce n'est pas une raison pour t'occuper du couple des autres. Pourquoi tu les reçois tous les deux ?

Un temps.

BASILICO. C'est un type qui a déposé sa candidature pour prendre la direction d'une usine, il a franchi toutes les étapes de sélection, on n'attend plus que mon aval.

Bernard interroge Basilico du regard. Celle-ci se résigne à lui répondre, après quelques instants d'hésitation, de malaise.

Je voudrais vérifier que la décision a été prise d'un commun accord : je ne veux pas qu'elle ait dit oui pour faire plaisir à son mari. On sait comment ça se passe dans les couples.

Ça n'a pas l'air d'être son genre, c'est un type bien, il fait partie des *high potentials*. Je ne crois pas que sa femme soit contrainte, mais je voudrais m'en assurer.

BERNARD, *ironique*. Tu dis : c'est un type bien. Mais on peut parfaitement avoir été identifié high potential et se comporter comme un mufle dans sa famille. Prends mon cas, entièrement dévoué à l'intérêt général, n'exerçant qu'à l'hôpital, résistant héroïquement à ceux de mes proches qui voudraient que je prenne une consultation privée…

BASILICO *l'interrompt, parlant en même temps que Bernard*. Ce n'est pas la peine de remettre sournoisement sur le tapis nos querelles financières. Il y a longtemps que j'ai renoncé à l'espoir de te voir gagner correctement ta vie.

BERNARD. « Correctement ta vie » : il faudrait que tu t'entendes parler. Mon salaire n'est pas modeste, ce sont les sommes que vous vous accordez qui sont démesurées. Mais vous êtes bien contents de nous trouver, quand il vous pousse sur un organe une tumeur aussi grosse qu'un coquelicot : soudain, face à nos blouses, elle vous paraît toute relative votre obsession frénétique du profit.

BASILICO. Je ne comprends pas pourquoi on s'engueule.

BERNARD. Tu me reproches d'abandonner notre couple à sa vacuité.

BASILICO *l'interrompt avant qu'il ait fini sa phrase*. Je dis seulement que tu ne t'occupes de rien : tu ne fais aucun effort pour nous rendre la vie plus agréable. Mais maintenant si tu ne supportes même plus qu'on te fasse la moindre observation.

BERNARD. Avant on ne s'engueulait jamais, on a passé les quinze premières années à se désigner les problèmes par de subtils sous-entendus. On était tellement sensibles aux réactions de l'autre, le problème était réglé avant de devenir une phrase. Nos différends s'évaporaient dès qu'on les évoquait. Maintenant ils sont comme des statues équestres au milieu du salon, on les coule dans du bronze, on en fait des paragraphes, ils nous encombrent, ils sont lourds, il n'y a plus aucune délicatesse entre nous.

BASILICO. J'en ai un peu assez de me limiter aux évocations, de constater que mes sous-entendus se dissipent dans l'atmosphère sans rien laisser dans ton cerveau : *pas la moindre trace*. C'est confortable les évocations. Nous sommes à la dérive. On pourrait très bien s'en sortir si tu acceptais la critique. Je suis toute prête à me remettre en question s'il y a des choses chez moi qui ne te plaisent plus.

BERNARD. Toujours le beau rôle, toujours la grandeur d'âme, toujours l'abnégation, le courage, la clairvoyance... des plans sociaux aux sauvetages conjugaux. Je n'avais pas remarqué que notre couple était à la dérive.

BASILICO. Bernard. S'il te plaît. Tu voudrais pouvoir dormir sur tes deux oreilles. Qu'aucun bruit ne te dérange.

BERNARD. Tu comprends tout mieux que personne. C'est choquant que tu reçoives ce type avec sa femme. Ils vont être ravis de découvrir cette conception originale des ressources humaines, les employés d'ATM.

BASILICO. Pourquoi est-ce que ça te choque ? En dehors du fait que ce matin tu veuilles visiblement polémiquer. Tu devrais faire du sport.

BERNARD. Rémunérer des gens ne vous donne aucun droit sur leur intimité. Si ce type est parvenu à convaincre sa femme de s'installer en Chine, c'est leur problème à tous les deux. Tu ne sais pas ce qu'il lui donne en échange, tu ne sais pas si finalement cette expérience ne va pas l'enrichir, tu ne connais rien du passé de cette femme, il y a des gens qui par tempérament disent toujours non et qu'il faut savoir forcer, dans leur propre intérêt.

Un couple est quelque chose de très complexe...

BASILICO *l'interrompt vivement.* Ou au contraire de très simple : la femme est asservie par le désir de l'homme.

BERNARD, *excédé*. Si maintenant les DRH se mettent à recevoir les conjoints des salariés pour essayer d'évaluer si le couple est en harmonie, on n'est pas au bout de nos peines. C'est aussi une forme de chantage, sous-entendu : si vous voulez que le rendement de votre conjoint soit maximal, en d'autres termes : si vous voulez qu'il fasse chez nous une belle carrière, soutenez-le de toutes vos forces, ne le faites pas chier à la maison, laissez-le consacrer le plus de temps possible à son travail.

BASILICO. Nos divergences idéologiques avaient du charme quand on s'est rencontrés. Souviens-toi, on ne faisait jamais aussi bien l'amour qu'après s'être engueulés sur des trucs politiques, on baisait avec la même férocité qu'on s'était combattus. Mais maintenant c'est fini, ça vole bas, ce n'est plus drôle.

Petite faiblesse.

Un temps.

Elle adopte un ton plus impersonnel.

Pour te répondre, bien plus que la mainmise de l'entreprise sur l'employé, pour moi c'est celle de l'homme sur la femme le vrai problème. Contrairement à ce qu'on pourrait penser, beaucoup de cadres de haut niveau continuent de reproduire un modèle familial arriéré où la femme, *in fine*, quoi qu'on en dise, est dominée par l'homme.

BERNARD. Chacun est libre, tu n'es pas dans leur vie, l'enjeu des couples que tu rencontreras sera toujours comme le noyau au cœur d'un fruit, tu n'arriveras jamais à l'atteindre.

Les femmes qui veulent s'émanciper évitent de se marier avec des hommes qui les dominent.

BASILICO. Et au final elles se retrouvent avec un type comme toi : évolué et humaniste, tolérant, de gauche, qui ne fait plus rien dans la maison au bout de quelques mois.

Si demain on te proposait de rejoindre un hôpital à Chicago tu m'expliquerais qu'on ne refuse pas un poste pareil.

BERNARD. Je ne te demanderai jamais de plaquer ton travail pour me suivre à l'étranger.

BASILICO. Le couple que je dois voir se trouve exactement dans cette situation.

BERNARD. Quoi ? Quelle situation ?

BASILICO. Ils font carrière tous les deux. Je me suis renseignée auprès d'un chasseur de têtes. Elle : HEC, MBA à Harvard, super poste à la Société Générale. Elle ne fera croire à personne qu'elle est hyperheureuse d'aller s'enterrer vivante au milieu des rizières, en pleine cambrousse, à quatre heures de route de Pékin.

BERNARD. Déjà, rien que le fait que tu te sois permis de te renseigner sur cette femme.

BASILICO. Elle va mettre sa carrière entre parenthèses pendant trois ans, pour que celle de son mari puisse décoller. Il n'est pas dit qu'au terme du rendez-vous je ne donne pas mon désaccord, afin de dispenser cette femme de devoir faire un choix : c'est peut-être moi qui vais choisir à sa place.

BERNARD. Tu te mêles de ce qui ne te regarde pas.

BASILICO. L'entreprise me regarde, le fait que cet homme puisse s'installer là-bas sereinement me regarde. Je veux m'assurer que sa femme est capable de tenir le choc : j'en ai assez de rapatrier des familles de cadres parce que les femmes s'écroulent dans les trois mois : ça nous a coûté un fric fou ces dernières années. Sans compter qu'un mari préoccupé par l'équilibre de sa femme est naturellement moins efficace, moins impliqué dans son travail. Mieux vaut prévenir que guérir.

BERNARD. Ce que j'entends me déplaît au plus haut point.

Les cadres que vous faites travailler, en gros vous leur dites : acceptez les règles que nous avons fixées, vous verrez bien jusqu'où vous parviendrez à vous élever dans la structure, de toute manière c'est la seule voie à suivre pour atteindre les sommets. Alors ils vous obéissent comme des enfants, c'est pour ça que le monde est fou et qu'il court à sa perte : ces dirigeants sont comme de grands enfants, leur petite voiture a juste changé de taille et ils sont hyperintelligents : mais c'est tout. Leur intelligence s'est développée comme une espèce de maladie perfide dans les hautes sphères de leur mental mais tout le reste est resté à l'état d'enfance. Ton type, ton polytechnicien, tu vas peut-être le priver de son avenir comme on retire son pain au chocolat à un enfant : s'il n'était pas un écolier soumis il refuserait le principe de cet entretien, il te dirait qu'il faut le juger sur son parcours professionnel.

Tu es complice de cet enlaidissement du monde : tu y participes activement.

Il est possible qu'un jour ce système se retourne contre toi. J'aimerais bien être dans les parages quand les mâchoires de tes méthodes s'en prendront à ta charmante personne : juste pour voir ta surprise.

Je te consolerai. Tu basculeras peut-être dans l'autre camp.

BASILICO. Il y a encore trois ans, c'est à ce moment précis que je t'aurais sauté dessus pour t'arracher ta chemise.

À ce soir, bonne journée.

Basilico sort de l'appartement.

13. PARIS, MERCREDI 18 NOVEMBRE, 12 H 45, SIÈGE SOCIAL D'ATM, BUREAU DE L'ASSISTANTE DE BASILICO.

BÉNÉDICTE. Elle était déjà nerveuse quand elle est arrivée au bureau tout à l'heure, elle avait l'air triste, je ne sais pas pourquoi. Je crois qu'elle a pleuré dans sa voiture, elle avait les yeux rouges et les paupières gonflées. Elle s'est remaquillée dans les toilettes en arrivant, ce qu'elle ne fait jamais.

J'étais avec elle quand elle a reçu l'appel de Couvelaire lui annonçant que deux hommes s'étaient suicidés pendant la nuit dans les vestiaires de l'usine de Pessac. Ils ont ouvert une bonbonne de gaz, on les a découverts ce matin, ils étaient tombés l'un sur l'autre, un miracle qu'il n'y ait pas eu d'explosion. On ne sait pas par quels moyens ils se sont introduits dans l'usine. L'enquête de police le déterminera certainement.

Élisabeth a noté leurs noms sur un bloc-notes, elle ne les connaissait pas, c'étaient deux ouvriers d'environ cinquante-cinq ans. L'un des deux travaillait dans cette usine depuis l'âge de seize ans, l'autre, d'origine italienne, avait été embauché il y a une vingtaine d'années. Visiblement, les deux hommes n'ont laissé aucune lettre. Ce matin, personne n'est en mesure de s'expliquer les raisons de ce drame, à commencer par leurs collègues. Ils n'avaient rien remarqué d'anormal.

Élisabeth avait un rendez-vous avec un cadre et sa femme, elle leur a demandé de patienter quelques minutes.

Elle a téléphoné au directeur de l'usine, elle lui a dit qu'on ne pouvait pas laisser les salariés se débrouiller tout seuls avec ce traumatisme, ATM était en relation avec un organisme spécialisé dans l'assistance psychologique, elle allait les appeler pour qu'ils envoient une équipe à Pessac.

Après avoir raccroché, Élisabeth m'a dit appelez tout de suite Psycho Assistance, c'est urgent, les séquelles peuvent être ennuyeuses, je n'ai pas tellement envie de me taper des arrêts maladie en cascade pendant des mois sur le site de Pessac, je vois le truc d'ici comme si j'y étais.

Quelque chose de ce genre.

Ouah.

Ça peut paraître choquant de dire des choses pareilles dans un moment aussi tragique, mais je pense qu'elle a raison. Élisabeth est une sacrée professionnelle, elle voulait me faire comprendre qu'à la direction des ressources humaines on ne doit pas basculer avec les autres dans l'émotion consensuelle, mais au contraire regarder la réalité dans les yeux, en dehors de tout pathos, pour pouvoir travailler. Moi qui avais déjà les yeux remplis de larmes (comme tous ceux que je croise depuis ce matin dans les couloirs de la boîte, alors qu'en fait personne au siège ne connaissait ces deux types ; vous voyez ce que je veux dire : moi à tout prendre je préfère l'attitude d'Élisabeth), Élisabeth m'a fait comprendre par sa réserve que l'émotion n'était pas obligatoire. Dans notre métier, la plupart des événements délicats qu'on est amenés à rencontrer sont comme des pâtisseries : de la meringue bien dure entourée d'une épaisse couche de crème, de chantilly, d'humain, de sentiments, de sucre glace, de slogans politiques et d'articles de journaux. On s'en met partout sur les doigts et autour de la bouche quand on essaie de mordre dans la meringue, c'est-à-dire de s'attaquer au problème : ça dégouline de tous les côtés, on a le double de travail à cause de l'opinion publique. Déjà, si on pouvait éviter de s'en mettre partout dans le cerveau par la manière dont soi-même on perçoit l'événement, ce serait mieux : c'est ce que j'apprends chaque jour d'Élisabeth. C'est indispensable pour pouvoir prendre des décisions qui ne soient pas inspirées par l'urgence, les filles du service com et la démagogie.

Elle a fait son rendez-vous avec le couple : environ vingt minutes. À un moment le mari est sorti en téléphonant, Élisabeth est restée seule avec la femme, je suis entrée dans le bureau pour prendre un dossier que j'avais oublié, leur conversation avait pris une tournure plus intime. Élisabeth lui disait qu'elle avait fait elle aussi un MBA aux États-Unis, elle a dit à quel endroit, la femme avait l'air impressionnée. (Il faut dire qu'elle l'a fait à Stanford.) Quand le couple a fini par partir, j'ai observé que l'homme était tendu, la femme avait les yeux un peu rouges. Décidément, c'est la journée des larmes.

Résultat : Élisabeth m'a demandé de prendre rendez-vous avec le candidat suivant sur la liste, et de prévoir un entretien avec Damien la semaine prochaine (Damien, c'est l'homme qu'elle a reçu avec sa femme), pour lui annoncer qu'il ne partirait pas.

Elle s'est ensuite enfermée dans son bureau.

14. VILLENEUVE-SAINT-ANDRÉ, MERCREDI 18 NOVEMBRE, 14 H 15, LOCAL SYNDICAL, TRACT CGT.

DUBREIL. Un événement terrible vient de frapper notre entreprise : deux des nôtres se sont donné la mort la nuit dernière sur leur lieu de travail.

Comme nous tous, ils venaient de découvrir la mise en vente de leur usine. C'est cette information qui hier matin nous a contraints d'annuler la tenue du comité central d'entreprise autour du PSE de Villeneuve-Saint-André.

Mme Basilico nous affirmait les yeux dans les yeux, à quelques heures de ce drame, que l'usine de Pessac ne serait pas vendue.

Le mensonge éhonté, la tromperie décomplexée sont des pratiques courantes chez nos dirigeants. Ils sont capables de vous dire blanc quand ils savent que c'est noir, juste pour gagner du temps et parvenir à leurs fins : dans leur esprit cynique, les comptes sont toujours remis à plus tard, demain est un autre jour, le plus important est de faire dès maintenant le pas décisif, y compris si celui-ci nécessite des mensonges, une trahison. On verra bien quand la vérité éclatera, pensent-ils.

Mme Basilico, demain vient d'arriver, l'heure des comptes a sonné, les douze coups de minuit sont en train de retentir : le bal est terminé pour vous. Vous aurez beau essayer de courir plus vite que le temps, vous avez laissé derrière vous une tragédie qui nous permet de vous confondre. Le double suicide commis cette nuit à cause de votre hypocrisie est exactement à votre pointure : la gravité de l'événement, la grandeur de ces deux hommes, le désespoir qui aujourd'hui s'est abattu sur l'entreprise n'ont d'égal que votre vilenie. Vous faites une Cendrillon terrifiante : avec une DRH comme vous, le sordide a trouvé chaussure à son pied.

La laideur de notre époque, on peut vouloir une nuit lui tourner le dos à tout jamais. Aujourd'hui, nous sommes nombreux à pleurer nos camarades, mais aussi à les comprendre.

Luigi Bertoni aurait fêté en décembre prochain ses vingt ans d'ancienneté. Claude Kerouas aurait fêté l'année prochaine ses quarante ans d'ancienneté. Ils allaient fêter tous les deux au printemps leur cinquante-cinquième anniversaire. Cinquante-cinq ans : un âge critique quand on sait que les restructurations frappent d'abord les seniors.

Ainsi, il existe un monde où les hommes préfèrent encore se donner la mort plutôt que de subir l'humiliation d'être traités comme des marchandises qu'on fait passer de main en main, pour finir au rebut. Mais ce monde-là, les cyniques qui nous dirigent ne peuvent même pas en soupçonner l'existence : il est trop pur et cristallin pour qu'ils puissent même l'entrevoir.

Mme Basilico, vous qui allez avoir sur la conscience, jusqu'à la fin de votre vie, la mort de ces deux hommes, nous vous souhaitons d'avoir un jour assez de hauteur de vue pour vous hisser à la cheville de ces héros des temps mondialisés.

Nous leur rendons hommage aujourd'hui avec la plus grande ferveur.

15. PARIS, MERCREDI 18 NOVEMBRE, 15 H 30, SIÈGE SOCIAL D'ATM, BUREAU DE BASILICO.

Basilico froisse le tract CGT qu'elle vient de lire et le jette sur le sol avec consternation.

BASILICO. C'est vraiment n'importe quoi. Qui peut croire une chose pareille ?

Bénédicte l'interroge du regard.

Oui, qui peut croire que la mort de ces deux hommes soit liée au fait que Couvelaire a pris contact avec des acquéreurs potentiels ?

BÉNÉDICTE. Je voulais vous montrer ceci. Les grandes lignes de ce communiqué ont été reprises par l'AFP, en particulier la responsabilité que les partenaires sociaux vous font porter.

Naturellement le téléphone n'arrête pas de sonner, on se dispute pour vous interviewer. Je vous préviens, il y a déjà des journalistes et des équipes de télé devant l'immeuble.

BASILICO. Je leur dirai la vérité.

BÉNÉDICTE. Vous leur direz que vous n'étiez pas au courant ? Que vous avez été trompée par Couvelaire et Dollan ?

BASILICO. Bien sûr que non, Bénédicte. Enfin, où avez-vous la tête ?

BÉNÉDICTE. Pourquoi pas. On a changé de registre il me semble : on vous accuse d'homicide, ce n'est plus seulement une affaire de business. Je ne vois pas pour quelle raison vous devriez couvrir Couvelaire.

BASILICO. C'est comme ça.

BÉNÉDICTE. Mais pourquoi ?

BASILICO. On s'est partagé les rôles, ça fait partie de mon boulot, je ne vais pas céder à la panique. Tout rentrera dans l'ordre quand il aura été prouvé que le suicide de ces deux hommes n'avait aucun rapport avec la politique de cession d'ATM. Et encore moins avec moi.

Un temps.

BÉNÉDICTE *donne une feuille de papier à Basilico.* À la com ils m'ont demandé de vous faire passer ceci, c'est un communiqué qui va être rendu public ce matin, les condoléances de l'entreprise. Il est précisé à la fin, attendez, je vais vous le lire. *Elle reprend la feuille de papier et lit.* « En l'état actuel de l'enquête, aucun élément ne permet de supposer que le suicide de ces deux hommes a été entraîné par la mise en vente de leur usine, contrairement à ce que prétend un communiqué calomnieux de la CGT. La direction du groupe se réserve le droit d'engager des poursuites... »

BASILICO *l'interrompt*. Vous voyez bien, je ne suis pas seule. Faisons comme d'habitude, gardons la tête froide.

Couvelaire est entré dans la pièce pendant la lecture du communiqué.

COUVELAIRE. Voilà qui est sage.

BASILICO. N'est-ce pas.

COUVELAIRE. Dites-moi.

BASILICO. Je vous écoute.

COUVELAIRE. Des équipes de télévision se trouvent devant l'immeuble. Ils nous attendent. Je voudrais qu'on accorde nos violons.

À mon avis il ne faut faire aucune déclaration. Une enquête de police est en cours, nous attendons les conclusions, c'est ce qu'on doit dire aux journalistes, sereinement, sans s'attarder.

BASILICO. Et l'usine de Pessac ?

COUVELAIRE. Quoi l'usine de Pessac ?

BASILICO. Qu'est-ce qu'on leur dit ? La mise en vente est différée, j'imagine ?

COUVELAIRE. On ne dit rien, on élude.

BASILICO. Excusez-moi. Je pense que vis-à-vis des syndicats, qui, déjà, je vous le rappelle, avant le drame, en faisaient un préalable...

COUVELAIRE *l'interrompt*. On verra, on verra.

Pour vous dire le fond de ma pensée, ce drame n'est déjà plus le sujet. Tout va très vite à notre époque, il suffira d'un tsunami pour que vos deux pendus partent direct dans les oubliettes du trimestre.

BASILICO. Pas pendus.

COUVELAIRE. Pardon ?

BASILICO. Ils ne se sont pas pendus.

COUVELAIRE. On continue de négocier, on réalisera la vente dans deux mois, personne n'y trouvera rien à redire. En attendant noyez le poisson, ce n'est pas à vous que je vais apprendre à faire ça.

BASILICO. Je ne pense pas qu'on puisse se permettre, après ce qui s'est passé… *Basilico s'interrompt. Avec fermeté.* Il faut leur donner des gages de notre bonne foi. On doit leur annoncer qu'on les a entendus.

COUVELAIRE. Écoutez, Élisabeth. On a trouvé preneur, ou quasi, à un prix excellent : trente pour cent de plus que ce que j'avais imaginé en fourchette haute. Je ne suis pas certain qu'ils maintiendront leur offre si on reporte la vente. Dollan est aux anges. On risque de perdre une occasion en or.

BASILICO. Le bénéfice que vous visez en préparant cette transaction à l'insu des syndicats, vous allez le voir disparaître immédiatement en mouvements sociaux, en déperdition d'image. À l'arrivée, en plus, la vente n'aura pas lieu.

COUVELAIRE *parle en même temps que Basilico.* Je ne fais pas machine arrière : ne me faites pas répéter les choses, c'est exaspérant.

BASILICO *s'énerve*. Noyez le poisson.

Comment voulez-vous noyer le poisson, ils sont déchaînés, deux hommes sont morts.

COUVELAIRE. Eh bien gagnez du temps. Dites-leur qu'on les a entendus. Parlez-leur de Villeneuve-Saint-André. Et commencez par vous calmer.

Couvelaire sort du bureau.

16. VILLENEUVE-SAINT-ANDRÉ, LUNDI 23 NOVEMBRE, 16 H 00, DEVANT L'USINE.

Les salariés manifestent devant l'usine, les représentants du personnel crient des slogans dans des porte-voix, on sent qu'il suffirait d'une étincelle pour que le ressentiment des manifestants se transforme en violence.

Banderoles, pancartes au bout de bâtons, palettes jetées dans un brasier, deux cercueils de couleur noire sur les parois desquels des phrases d'hommage ont été calligraphiées en lettres blanches.

Une silhouette féminine découpée dans du contreplaqué. Les lèvres et les souliers de l'effigie sont rouges, elle porte une minijupe avec des talons hauts.

Basilico, Bénédicte et Agnès viennent d'arriver

devant l'usine et sont témoins de ce rassemblement.

C'est pour Basilico une situation d'une violence insoutenable.

L'effigie est jetée dans les flammes.

Agnès prend doucement Basilico par le bras mais celle-ci se dégage, elle veut faire face à cet affront avec courage.

Les représentants syndicaux interpellent les manifestants, des clameurs et des applaudissements éclatent entre chaque salve, certains grévistes utilisent des cornes de brume et des trompettes.

VALLETTE. Résistons ! Défendons nos intérêts ! Nous ne pouvons pas laisser la direction ! Sacrifier des emplois ! Pour le seul profit des actionnaires !

PRADEYROL. Fonds de pension, chambres à gaz !

DUBREIL. C'est l'emploi qu'on assassine !

PRADEYROL. Fonds de pension, chambres à gaz !

VALLETTE. Dollan réclame à ses sbires ! Qu'ils leur apportent chaque soir ! Sonnante et trébuchante ! La recette du jour !

DUBREIL. Basilico fait la pute ! Mais ce sont les travailleurs ! Qui sont sur le trottoir !

VALLETTE. Ne vous laissez plus enfiler des promesses sans vous protéger ! Préservez vous des paroles vérolées par le mensonge ! Méfiez-vous du virus DRH !

DUBREIL. On va les mettre au pied du mur ! On ne cédera pas à moins de trente-six mois !

Se battre jusqu'au bout ! C'est le plus bel hommage qu'on pourra rendre ! À la mémoire de nos camarades !

VALLETTE. Mme Basilico ne s'est jamais montrée tellement préoccupée par le ressenti des salariés ! Pour quoi faire ?

Mme Basilico ne s'est jamais préoccupée des victimes du travail !

Amiante ! Suicides ! Surmenage ! Dépressions ! Accidents ! Maladies liées à l'exercice de nos métiers !

À quoi bon ?

On se souvient qu'il y a quelques années ! Elle a fait paraître un livret expliquant aux RH des usines d'ATM ! Comment contester les maladies professionnelles !

Nous aurions dû comprendre qu'un tel cynisme ! À l'égard de la santé des salariés ! Ne pouvait que conduire au désastre !

DUBREIL. Basilico, cent quatre-vingt-douze emplois la passe !

VALLETTE. Nous appelons l'ensemble des sites du groupe ! À cesser le travail ! À se mobiliser ! Dès demain ! Selon les modalités fixées localement !

En ce qui concerne Villeneuve-Saint-André ! Les unités seront à l'arrêt dès cinq heures du matin ! Pour une durée de vingt-quatre heures !

17. JOURNAL TÉLÉVISÉ OU RADIOPHONIQUE, LUNDI 23 NOVEMBRE, 20 H 10.

JOURNALISTE. L'ensemble de la classe politique a exprimé son émotion. Le ministre de l'Industrie, qui a prévu de se rendre demain à Pessac pour leur rendre un dernier hommage, a déclaré, je cite, « Les entreprises doivent faire en sorte que de pareilles tragédies ne puissent plus se produire dans notre pays, où le respect dû au travail, aux travailleurs, ne doit jamais être oublié », fin de citation.

Selon les organisations syndicales, Claude Kerouas et Luigi Bertoni auraient mis fin à leurs jours après avoir appris que leur usine allait être cédée à König, un groupe allemand à la réputation controversée. Mme Élisabeth Basilico, la DRH d'ATM, avait pourtant promis aux salariés que cette usine resterait dans le giron du groupe américain, ce qu'elle avait affirmé sur notre antenne au début du mois.

BASILICO. Je leur ai déjà répondu avec la plus grande clarté, aucune usine ne sera fermée ou vendue en France dans les cinq ans à venir.

JOURNALISTE. Vous vous en portez garante ?

BASILICO. Je m'en porte garante.

DUBREIL. Les salariés ne sont pas dupes. Le fait que ces négociations aient été tenues secrètes est bien la preuve que cette cession n'était pas anodine en termes d'emplois. Sinon Mme Basilico aurait joué à jeu ouvert, ce qu'elle n'a pas fait : elle a menti. Nous espérons qu'elle aura à en répondre devant la justice. Pour nous, ce double suicide doit être considéré comme un homicide.

JOURNALISTE. C'est là toute la question, sur laquelle n'ont pas fini de se pencher les acteurs de ce drame. Surtout depuis qu'Élisabeth Basilico a été désavouée par sa direction.

COUVELAIRE. Elle savait qu'un certain nombre de réflexions étaient en cours. Elle aurait dû être plus transparente, respectueuse, et moins brutale. Il y a eu, incontestablement, des erreurs, un dysfonctionnement.

REPORTER. Quelles sanctions comptez-vous prendre ?

COUVELAIRE. Un groupe tel que le nôtre doit obéir à une éthique, à des règles de respect mutuel. Nous avions décidé de vendre cette unité, Élisabeth Basilico aurait dû le faire savoir aux partenaires sociaux, combien même cette annonce aurait rendu plus compliquées nos négociations à Villeneuve-Saint-André. Elle a été démise de ses fonctions de directrice des ressources humaines jusqu'à nouvel ordre. Je présente mes excuses aux familles de ces deux hommes, à leurs proches, ainsi qu'aux salariés du groupe que je dirige.

REPORTER. Les excuses de la direction serontelles suffisantes pour calmer les esprits ? Rien n'est moins sûr si l'on se réfère au scepticisme affiché par les représentants du personnel à l'égard de la sincérité du groupe américain.

18. PARIS, MERCREDI 25 NOVEMBRE, 10 H 00, SIÈGE SOCIAL D'ATM, SALLE DE RÉUNION, COMITÉ CENTRAL D'ENTREPRISE.

COUVELAIRE, *technocratique mais courtois, un peu distant, n'appuie aucun de ses propos, comme s'il était convaincu que les négociations allaient se conclure assez vite sans qu'il lui soit nécessaire de faire beaucoup d'efforts.* Lors du dernier CCE, nous ne sommes pas parvenus à trouver un accord. Un écart important séparait les positions des uns et des autres : trente-six mois d'un côté, quinze de l'autre.

Bien.

Face à ce blocage, qu'est-ce que j'ai fait ?

J'ai pris deux décisions.

Premièrement, pour avoir trahi votre confiance (à l'encontre des instructions reçues de mes services), Mme Basilico a été dessaisie des dossiers dont elle avait la charge.

Deuxièmement, concernant le PSE de Villeneuve-Saint-André, question dont j'ai mesuré à quel point elle vous préoccupait (j'en ai fait moi-même une priorité dans mon agenda des prochains mois), j'ai consenti à faire un pas, un pas significatif, dans votre direction.

Bien.

Qu'est-ce que ça veut dire ?

Ça veut dire que je suis allé à New York, il y a quinze jours, en compagnie d'Élisabeth Basilico, pour m'entretenir avec Peter Dollan.

Le mois dernier, qu'est-ce qu'elle vous proposait ? Quinze mois. Ce que mon déplacement à New York me permet aujourd'hui de vous offrir, c'est vingt-deux mois.

Nous pouvons, je crois, nous en féliciter.

DUBREIL. Nous réclamons trente-six mois. Nous ne céderons pas à moins.

COUVELAIRE *sourit poliment, c'est presque un petit rire, on peut avoir le sentiment qu'il fait preuve de condescendance à l'égard des capacités intellectuelles de ses interlocuteurs, comme s'il y avait un malentendu qu'il n'allait pas tarder à dissiper.* Je ne suis pas sûr de m'être bien fait comprendre. Vous pensez qu'une telle offre se discute ? Nous ne sommes pas dans une cour de récréation, ou sur l'île aux enfants, avec Casimir dans le rôle de l'actionnaire américain. Ne faites pas les innocents, vous le savez aussi bien que moi, Peter Dollan est un homme de convictions...

PRADEYROL *l'interrompt.* Arrêtez ce cinéma, monsieur Couvelaire. Je me permets de vous rappeler que nous portons le deuil de nos camarades.

COUVELAIRE. Je ne comprends pas de quel

cinéma vous parlez. Vingt-deux mois, c'est du cinéma ? Expliquez-moi.

DUBREIL. Ça suffit. Nos exigences, aujourd'hui, sont les suivantes : un, l'annulation de la vente de Pessac ; deux, la garantie qu'aucune usine ne sera cédée dans les cinq ans à venir ; trois, trente-six mois d'indemnités pour tous ceux de nos camarades qui n'auront pas la chance d'être reclassés dans l'entreprise.

COUVELAIRE *sourit de nouveau, toujours vaguement condescendant, mais on sent qu'il commence à perdre patience : il n'a pas l'habitude de voir la réalité lui résister. Les syndicalistes ont l'air de lui inspirer un profond dégoût.* Cette détermination vous honore. J'ai moi-même pour habitude de savoir où je vais. Mais chaque chose en son temps. Ordonnons les étapes logiquement. Signons ce PSE de vingt-deux mois et je serai ouvert à toute discussion concernant la vente de Pessac.

VALLETTE. Il n'en est pas question.

DUBREIL. Si vous maintenez la vente, c'est la grève illimitée.

COUVELAIRE. J'ai fait preuve ce matin avec vous d'une patience infinie : ceux qui me connaissent ne m'ont jamais vu comme ça.

PRADEYROL. Nous non plus. C'est bien la preuve que c'est du cinéma.

DUBREIL. Voilà pourquoi nous imposons nos conditions. Vous les acceptez, ou c'est la grève illimitée.

Couvelaire. Je n'ai pas pour habitude de céder au chantage, c'est chez moi un principe.

Dubreil *range ostensiblement ses documents et se lève.* La CGT se retire de cette réunion. Nous allons lancer dès aujourd'hui un préavis de grève sur l'ensemble des sites du groupe.

Pradeyrol, idem, *pendant que Dubreil est en train de quitter la salle.* Nous nous alignons, bien entendu, sur la position de notre camarade.

Vallette, idem. La CFTC également, cela va sans dire, monsieur Couvelaire.

Les trois représentants syndicaux sortent de la salle de réunion.

19. PARIS, MARDI 22 DÉCEMBRE, 23 H 45, APPARTEMENT DE BASILICO.

Basilico est en tenue casual, *bottes en daim, jean par-dessus, etc. Elle porte un manteau. C'est la nuit. Elle marche dans les rues. Elle écoute de la musique. Elle dîne dans une brasserie. Elle lit un livre. Elle réfléchit. Elle rentre chez elle.*

Basilico. J'ai appris mon éviction à la radio, le soir du jour où les deux hommes ont été retrouvés morts. J'étais en train de rentrer chez moi.

Le choc que j'ai reçu. Entendre Couvelaire prononcer mon nom sur les ondes, entendre Couvelaire me dénoncer auprès de l'opinion publique, comme ça, à la radio, en direct, sur la route. On s'était pourtant parlé en tête à tête deux heures plus tôt.

J'ai laissé sur son mobile des messages de plus en plus tendus, il n'a pas réagi. Ce n'est que le lendemain matin vers six heures trente que j'ai reçu un appel de Langlois, son directeur de cabinet. Il m'a recommandé de rester chez moi quelques jours, le temps que les choses se tassent.

Je lui ai dit hors de question, je ne vois pas pour quelle raison j'assumerais la responsabilité d'une faute que je n'ai pas commise.

Il m'a répondu vous aurez du mal à prouver que vous n'avez pas commis cette faute. Ce sera votre parole contre celle de Couvelaire, quel poids aura votre parole face à celle de Couvelaire ? D'ailleurs c'est simple, allumez la radio, ouvrez les quotidiens, baladez-vous sur Internet : vous êtes déjà coupable, c'est comme ça, je n'y peux rien, votre déchéance est enclenchée, que vous le vouliez ou non, que ce soit juste ou pas. En revanche nous pourrons vous aider, quand du temps aura passé, à remonter la pente. On va vous envoyer un médecin, faites-vous prescrire un arrêt maladie.

J'ai consulté Agnès, elle m'a conseillé d'accepter, mon intérêt était de faire la morte. Fais la morte, elle m'a dit. C'est ça, comme les crabes. Elle s'est marrée. Oui, si tu veux. D'ailleurs, Élisabeth, tu as toujours été *un peu crabe* dans ton rapport au réel, c'est ce qui fait ton talent.

Je fais la morte à la manière des crabes depuis dix jours, je ne bouge plus, pour qu'on m'oublie, pour que le monde détourne de ma personne son attention haineuse.

Mes pinces sont inutiles, ce qui m'attrape ne peut pas être meurtri, c'est un être impalpable, féroce et gigantesque, anonyme, permanent.

Pour voir ce monstre se matérialiser, il me suffit de taper sur Google Élisabeth Basilico.

Sous la cagoule des pseudonymes, les internautes mettent dans leurs phrases toute la violence dont leur esprit embusqué est capable. Si ces phrases étaient des coups elles me briseraient les os, ce sont des barres de fer, elles sont lourdes, elles simplifient, ils frappent de toutes leurs forces. Pourquoi ils s'acharnent comme ça contre moi ? Ils ont peut-être peur que je ne sente rien, que mon esprit soit trop lointain pour être touché.

Le plus jeune de mes trois enfants me raconte la cour de récréation, sa maman est une salope, sa maman est une menteuse, sa maman a tué, sa maman doit payer. Avant-hier il s'est battu, il est rentré avec l'arcade sourcilière entaillée.

Quand, il y a deux jours, on a appris que le suicide de ces deux hommes n'avait rien à voir avec la mise en vente de leur usine, mais qu'il était lié à une histoire privée, cette révélation a été répercutée par les médias, mais il faudra des années pour que mon nom soit réhabilité. C'est trop tard, le mal est fait, sur Internet l'information qui me disculpe est noyée au milieu des immondices.

J'ai reçu un SMS de Dubreil. Il s'excuse, en son nom personnel, du mal qu'il m'a fait, par ses attaques. Il me dit qu'il a commis une erreur. Il me propose qu'on aille boire un café, en off, comme on sait si bien le faire, points de suspension, smiley.

Je l'aime bien. Ce message m'a fait plaisir.

Dans mon entourage professionnel, à part Agnès, Dubreil est la seule personne à être entrée en contact avec moi.

Aucune nouvelle de Couvelaire, aucune nouvelle de Langlois, aucune nouvelle de Dollan, aucune nouvelle de Pérignon, aucune nouvelle de mon assistante. Mon mari a raison, ces gens sont des gamins qui font semblant d'être des adultes, ils ont troqué leur déguisement de fée, d'Indien, de cosmonaute, contre un tailleur ou un costume de couleur sombre, mais, pour le reste, rien n'a changé, ils ont gardé l'inconséquence de leurs huit ans. Aucun d'entre eux n'a téléphoné à la mauvaise fille qu'on avait mise au coin. Ils ont peur de m'y rejoindre, expédiés par Couvelaire sur un coup de tête.

J'ai eu l'idée de retrouver dans ma bibliothèque un livre que j'avais lu adolescente, *Ivresse de la métamorphose*, de Zweig. Je l'ai relu et j'ai pleuré, je n'avais plus pleuré comme ça depuis la mort de ma mère. De lourds sanglots gorgés d'enfance se sont mis à déferler, ils ont roulé dans ma stupeur pendant trois jours comme un fleuve en furie dans une vallée.

Ces dix dernières années ont trahi l'adolescente que j'ai été : cette pensée m'obsédait.

L'héroïne d'*Ivresse de la métamorphose*, Christine Hoflehner, est l'essence même de la personne sacrifiée par son époque : ignorée par une réalité qui refuse d'envisager isolément chaque unité. Pourtant elle est jolie, sensible, intelligente, ses qualités auraient dû lui valoir une vie radieuse. La guerre de 14-18, puis des raisons d'État, le redressement du pays, lui ont volé sa jeunesse, ont séquestré sa vie dans un réduit lugubre. Elle est auxiliaire des postes dans une bourgade ennuyeuse, cernée de gens médiocres qui ne peuvent pas la comprendre. Les générations suivantes arriveront peut-être à se faire une place au soleil, mais pour elle c'est trop tard, on ne rattrape pas le temps perdu, elle n'aura pas de seconde chance.

Cette froide indifférence de son époque à son égard, le sentiment d'abandon et d'injustice qu'elle en retire, c'est ce qu'elle est au plus profond d'elle-même, Christine Hoflehner.

À seize ans, en refermant *Ivresse de la métamorphose*, je m'étais dit : il faut changer le monde.

À seize ans, en refermant ce livre, je m'étais dit : venir en aide aux Christine Hoflehner, pour qu'il n'y ait plus jamais de Christine Hoflehner à la surface de notre Terre, jamais, plus jamais.

Que chacun soit traité selon son mérite. Que chacun soit pris en compte dans ce qu'il a d'unique.

Ces dix dernières années ont trahi l'adolescente que j'ai été.

Dans mon métier, je dispose d'une marge de manœuvre laissée à mon appréciation. J'ai la possibilité de faire bouger le curseur dans un sens ou dans l'autre, un peu, à la marge : dans le sens de l'intérêt général, ou dans le sens de la logique capitaliste et financière. Mais cette marge de manœuvre, j'ai fini par ne plus y penser, je ne la vois même plus, je colle au plus près des exigences de l'actionnaire, malgré le vague vernis social que j'ai parfois la coquetterie d'arborer, quand j'ai en face de moi de vrais cyniques. Dans le fond j'ai abdiqué depuis longtemps. C'est plus intéressant financièrement, plus commode pour moi, plus facile pour ma vie de famille.

Corriger les effets du système, en réduire les nuisances, le rendre moins destructeur, travailler à l'échelle de l'individu, des microsituations : ce sont ceux qui sont à l'intérieur, et à des postes élevés, qui peuvent le faire, sans en parler à personne, c'est ça le paradoxe. Chaque homme est un cas possible d'intervention concrète, mais encore faut-il en avoir le désir.

Il y a des phrases que j'ai dites à Dollan qui m'écorchent, quand j'y repense.

Si on le voulait, on pourrait être nombreux, dedans, à l'adoucir, le système libéral : à y faire œuvrer clandestinement la notion d'équité.

Bernard est entré dans la pièce quelques instants plus tôt. Il la regarde avec sévérité. Basilico tourne son visage vers lui.

BERNARD, *agressif, en hurlant*. Où est-ce que tu étais passée ? Tu ne peux pas prévenir quand tu disparais ? Tu as vu l'heure ? Il est minuit et demi.

J'ai dû coucher Valentin. Il m'a demandé quand tu rentrais. J'ai été incapable de lui répondre.

BASILICO, *avec douceur*. Moins fort, tu vas le réveiller.

BERNARD, *toujours aussi furieux, agité, agressif*. Qu'est-ce que tu foutais ?

BASILICO. Je suis partie me promener. J'ai dîné seule dans une brasserie, j'ai réfléchi, c'était bien. J'en ai assez d'être enfermée toute la journée dans cet appartement.

Tu t'es inquiété ?

BERNARD. Pas du tout.

Alors là, je vais te dire, pas du tout.

S'il y a bien une personne sur cette Terre pour laquelle je ne m'inquiète pas, mais alors *jamais*, et dont je pense qu'elle se débrouillera toujours pour s'en sortir, c'est toi. Encore que, ces derniers temps, je ne sais pas ce que tu fous, mais c'est n'importe quoi.

BASILICO. Je pleure sans arrêt depuis trois jours.

BERNARD. Il y a de quoi. Pour le coup, si tu ne pleurais pas...

BASILICO. Pourquoi est-ce que je pleure ? Qu'est-ce qui me fait pleurer d'après toi ? Tu te l'es demandé ? Tu me l'as demandé ? Tu ne me l'as pas demandé.

BERNARD. Il n'est pas nécessaire de te poser la question pour connaître la réponse il me semble. *Ironique.* Elle me paraît relativement évidente.

BASILICO. Alors ? C'est quoi ?

BERNARD. La merde dans laquelle tu t'es mise.

BASILICO. La merde dans laquelle je me suis mise ? Je me suis mise dans la merde, selon toi.

BERNARD. Je ne comprends pas la question. Qu'est-ce que tu as fait d'autre que te foutre dans la merde ? De tous nous foutre dans la merde, moi, les enfants, ta famille, nos amis.

Silence glacial de Basilico qui regarde fixement le visage de son mari.

Le système auquel tu t'es dévouée avec zèle pendant toutes ces années est hideux, tu l'as toujours nié, tu viens d'en recueillir la preuve : je ne pouvais pas rêver plus belle démonstration pour te convaincre. La machine que tu fais fonctionner, dont tu es payée pour aiguiser les pales, s'est retournée contre toi, elle est en train de te hacher.

BASILICO. C'est un peu plus compliqué.

BERNARD. Même dans ces circonstances tu continues de défendre tes patrons.

BASILICO. Je ne les défends pas.

BERNARD. On n'arrête pas de me parler de toi. Toute la journée. On me regarde de travers. On murmure dans mon dos.

Quand ils découvrent mon nom, certains patients me demandent si par hasard je ne serais pas parent avec la DRH dont on parle à la télévision, qui a causé la mort des deux ouvriers.

BASILICO, *dans un sourire, un peu lasse.* Je n'y suis pour rien. J'ai été innocentée. Dis-le-leur.

BERNARD. Tu es devenue une star, Élisabeth, une star à l'envers, une célébrité détestée, tout le monde s'accorde à te maudire. Tu es la quintessence de la DRH abhorrée.

BASILICO, *malicieuse*. Adorée ?

BERNARD. Non. Abhorrée. Avec un B.

BASILICO, *ironique*. C'est gentil de me le rappeler. Je vois qu'on peut compter sur toi. Ce sont d'immenses qualités humaines que tu as là...

BERNARD, *ulcéré*. Tu ne t'attends tout de même pas, Élisabeth, que je te remonte le moral ? *Il éclate de rire, un rire mauvais.* Que ce soit, *MOI*, qui doive te consoler ?

Tu leur es dévouée à ce point ? Tu es prête à te laisser immoler sur l'autel de l'ultralibéralisme, toi, ton corps, ta famille, pour protéger la valeur du titre ATM, qu'elle ne plonge pas ?

Et tu voudrais que ce soit moi qui te console ?

Tu te mets le doigt dans l'œil, ma pauvre Élisabeth.

Il se met à hurler.

Tu ne pouvais pas réagir, non ? Tu ne pouvais pas leur dire, aux médias, que tu n'étais pour rien dans cette histoire, que tu ne savais même pas que cette usine était en vente ? Tu y as pensé, à ta famille, à tes enfants, à ton mari, quand tu as pris la décision, sans en parler à personne, de couvrir ton patron ? Entre tes enfants et ton patron, tu choisis de protéger ton patron. Tu penses qu'il t'en sera reconnaissant ? Tu penses qu'ils vont t'indemniser ? Tu es cynique à ce point ?

Un temps.

Plus bas.

C'est lamentable.

Je ne comprends pas ta logique.

Agressif.

Qu'est-ce que tu comptes faire pour nous sortir de cette merde.

Je dis bien *nous*, pas seulement toi mais *nous tous*.

J'exige une réaction.

BASILICO. Déjà, pour commencer, tu vas partir d'ici. Comme ça ton cas sera réglé, tu pourras dire demain à tes collègues qu'on s'est séparés, tu n'auras plus rien à voir avec moi.

Pour le reste, moi, les enfants, ma famille, les rares amis qu'il me reste, je m'en occupe, je gère.

Bernard regarde Basilico, abasourdi. Comme si c'était la première fois qu'elle lui parlait de cette manière.

BERNARD. Tu ne vas pas t'en sortir par une pirouette.

BASILICO, *sèchement*. Ce n'est pas une pirouette. Je te demande de partir.

BERNARD, *paniqué*. Mais qu'est-ce que tu racontes ? Où est-ce que tu veux que j'aille ?

BASILICO, *sèchement*. Ce n'est pas mon problème. Tu es assez grand pour savoir ce que tu dois faire de ta personne.

BERNARD *l'interrompt*. Mais enfin qu'est-ce que tu fais ? C'est trop facile, tu nous entraînes dans une spirale médiatique infernale…

BASILICO *l'interrompt, hausse le ton, devient impérative*. Mon environnement t'est devenu irrespirable, il nuit à ta réputation, on te regarde de travers à cause de moi, alors c'est simple, tu te casses, c'est terminé entre nous.

BERNARD, *plus conciliant*. Tu t'emballes, restons calmes, je dis seulement…

BASILICO *l'interrompt de nouveau, glaciale, autoritaire*. Je ne m'emballe pas, je suis calme, ma décision est prise. Ne rends pas la situation plus douloureuse qu'elle ne l'est, notre histoire est terminée depuis longtemps, tu le sais aussi bien que moi, les circonstances nous forcent ce soir à prendre une décision, à la limite tant mieux. Va-t'en. Tu me connais : quand les choses sont dites, elles sont dites, et quand les décisions sont prises, elles sont prises. *Avec malice.* C'est mon côté

DRH. *Avec dureté.* Je te donne deux heures pour quitter cet appartement.

BERNARD. Pourquoi tu fais ça ?

BASILICO, *lointaine*. Mais tu te liquéfies, mon amour ? Qu'est-ce qui t'arrive, je ne suis donc pas si infâme ? L'idée d'être séparé de moi te tourmente quand même un peu ?

BERNARD, *angoissé*. Arrête, Élisabeth.

BASILICO. Contrairement à ce que tu crois, cette expérience m'a fait réfléchir.

BERNARD. En attendant, elle te fait faire n'importe quoi. À trois jours de Noël, tu n'y penses pas, tout de même.

BASILICO. Je reprends ma liberté, je ne serai plus la créature de personne, à partir de maintenant j'agirai selon mes convictions profondes, j'ordonnerai chaque jour à mon cœur d'être le plus juste possible, je trancherai dans les situations avec la précision d'un sabre, en mon âme et conscience, au millimètre près, selon mon seul instinct, rien d'autre. Voilà l'acquis. Tu es le premier à en faire l'expérience, c'est cruel mais c'est ainsi, je ne comprends pas pourquoi j'ai accepté de rester sous ton regard pendant autant d'années, consentante, immobile. Un long dressage, sans doute, de plusieurs millénaires. Quand je serai en désaccord avec ma hiérarchie, je démissionnerai. J'ai assez d'argent pour me sentir entièrement libre, indépendante de tout pouvoir. Agir, autant que possible, en accord avec moi-même, y penser constamment, peser le pour et le contre à la lumière discrète de cette approche. Me démarquer de ces valets habitués à obéir avec servilité, pour leur confort et leur prospérité personnels, aux instructions qui viennent d'en haut, Couvelaire, Langlois, tous ces lâches. Rompre avec celle que j'ai été ces dix dernières années. Si dans le secret de leurs pensées tous les cadres supérieurs prenaient conscience de la responsabilité qui pourrait être la leur le monde irait bien mieux. J'arriverai peut-être à en convertir quelques-uns.

BERNARD. Je rêve. On aura tout vu. *Il éclate de rire.* Tu te mets à tenir des discours quasi de gauche, toi ?

BASILICO. Tu n'as pas de chance, on se sépare au moment où je deviens un peu plus à ton goût.

Tu sais ce qu'il signifie, ce mot : équité ?

Le mari ne répond pas. Il réfléchit, abattu. La puissance, la détermination de sa femme semblent l'écraser.

Je t'ai posé une question.

BERNARD. Oui ?

BASILICO. Tu sais ce qu'il signifie, ce mot : équité ?

BERNARD, *miné, absent.* Je suppose. Pourquoi ?

BASILICO. Très bien, je t'écoute. Pour toi, qu'est-ce qu'il signifie ?

BERNARD. Être juste. La justice. Donner à chacun ce qu'il mérite. Pourquoi ?

BASILICO. Pas exactement. Chacun se trompe

sur le sens du mot équité. Équité n'est pas justice, c'est l'appréciation de ce qui est dû à chacun. L'équité c'est la vertu qui consiste à régler sa conduite sur le sentiment naturel du juste et de l'injuste. Le sentiment naturel du juste et de l'injuste, Bernard. C'est comme l'amour, c'est un sentiment, c'est fragile, c'est vivant, ça s'entretient, ça appartient en propre à chacun, il faut savoir s'écouter, il y faut du talent, un minimum d'application. Il faut en avoir envie. On peut vivre en couple en ayant oublié l'existence même du sentiment d'amour, on peut vivre en société en ayant perdu de vue le sentiment du juste et de l'injuste.

BERNARD. Bon, parfait, tout ça est bien joli, mais maintenant, qu'est-ce qu'on fait ? Tu es calmée ?

BASILICO, *avec un sourire, la voix douce.* C'est drôle, tu n'y crois pas. *Un temps.* Tu viens de te dire que tu avais frôlé la catastrophe. Que je m'étais calmée, que tout allait repartir comme avant. *Un temps.* Non. Tu n'as pas frôlé la catastrophe. Tu es dedans. Tu t'en vas. Sois gentil. Trouve-toi un hôtel. Tu reviendras un autre jour prendre tes affaires.

Basilico sort de la pièce.

20. VILLENEUVE-SAINT-ANDRÉ, JEUDI 24 DÉCEMBRE, 08 H 30, DEVANT L'USINE EN GRÈVE[1].

Dubreil, Vallette et Pradeyrol sont devant l'usine avec les grévistes. L'usine est occupée. Couvelaire et Dollan se tiennent en retrait.

DOLLAN. Forty days striking. Do you have any idea how much money we are losing?

COUVELAIRE. I have already asked them to go back to their work. I do not negotiate with the strikers, it is a question of my principals to me.

DOLLAN. And how did they respond?

COUVELAIRE. That we must give in to their demands. It is the snake that bites its own tail.

DOLLAN. Why can't we call the police?

COUVELAIRE. They are within their rights.

DOLLAN. Jesus. Had I known. What was I thinking, investing in France.

COUVELAIRE. I am not worried that we can come to a success.

DOLLAN. And how?

Le vent se lève. La lumière devient métallique. Dollan regarde le ciel. Couvelaire ne se rend compte de rien.

COUVELAIRE. They cannot last for so very long, financially speaking.

1. Version française du tableau page 174. (*N.d.A.*)

DOLLAN *reporte son regard sur Couvelaire.* Neither can we. Sales are at their highest this time of year. The stocks have plummeted; our clients are going to start putting out calls to our competitors.

COUVELAIRE. Our salesmen are working on it. We are trying to get products from our Spanish affiliates.

DOLLAN. Are you aware of the mess we are in? *Soudain décidé, comme saisi par une intense injonction intérieure.* This cannot go on. I am going to invite them to talk things over. Even without stopping the strike. After all, that is a condition *you* imposed, not *me.* I am not obliged to be as inflexible as you have been up to this point. I hate obstructions and immoveable situations. I need movement in order to live.

Dollan se dirige vers les grévistes, suivi par Couvelaire.

COUVELAIRE. I must advise you against this idea. They might take you. In the last few months, here in France, there have been many cases of kidnapping.

DOLLAN. Held captive in a French factory, how very...chic, at least I'll have something to talk about at my next cocktail party in New York.

Dollan aborde Dubreil, Vallette et Pradeyrol.

DOLLAN, *à Dubreil, Vallette et Pradeyrol, en leur serrant la main. Il s'exprime avec lenteur, en articulant distinctement chaque mot, pour être cer-*

tain de bien se faire comprendre. Hello, my name is Dollan, Peter Dollan, I came from New York specifically to speak with you. I am the head of Victoria Capital, the major shareholder of ATM.

DUBREIL. Hello. Yes, we…*À Pradeyrol.* Comment tu dis nous savons qui vous êtes?

PRADEYROL, *à Dollan*. We know who you are.

DUBREIL, *à Dollan*. Yes.

DOLLAN. OK, thanks, good to meet you. Jean-Paul will do the translating, it will make it easier.

COUVELAIRE, *aux représentants syndicaux*. Il vous remercie, il dit qu'il est heureux de vous rencontrer, il me demande de faire la traduction.

DUBREIL. Nous aussi on est heureux… d'avoir enfin affaire au vrai patron.

COUVELAIRE, *à Dollan*. They too, they are happy. They are flattered and honored to meet such a great boss like you.

DOLLAN. Oh, really? Well thanks, thank you very much. *À Couvelaire.* They don't seem so bad after all.

VALLETTE, *à Couvelaire*. Qu'est-ce qu'il dit ?

COUVELAIRE, *à Vallette*. Il vous trouve très aimables.

VALLETTE. Dites-lui que nous aussi. On va peut-être bien s'entendre, lui et nous. C'est à espérer, vu l'ampleur du blocage. Il va peut-être avoir envie d'en sortir, *lui*.

DUBREIL. Par contre qu'il ne vienne pas nous embrouiller, ou on ne répond de rien. On vient d'installer une citerne de gaz dans l'usine de Pessac. Si Dollan maintient son projet, il ne vendra que des décombres.

VALLETTE. Dites-lui bien qu'il fasse attention à ne pas nous prendre pour des abrutis.

PRADEYROL. On est prêts à tout.

COUVELAIRE. J'ai bien compris. Mais je ne vais pas lui parler de la citerne de gaz tout de suite. On va attendre un peu. C'est un Américain, il est puritain. S'il découvre d'entrée de jeu l'existence d'une citerne de gaz dans l'une de ses usines, pour le coup c'est lui qui risque de s'énerver.

PRADEYROL. C'est vous qui voyez.

DUBREIL. On s'en moque de ses états d'âme. Nous c'est le résultat final qui nous intéresse.

COUVELAIRE *se tourne vers Dollan, un peu gêné*. Eh bien, they think that you too, you are very friendly. They hope that it will be possible to find a solution. But if you want my advice, Peter, it would be better to retrace our steps, they seem very worked up. One of them that we are speaking with, the moustache in the middle (I do not say his name by discretion), you remember him, you have already seen him on the Internet...

DOLLAN. Yes.

COUVELAIRE *enchaîne*. He is a real extremist. He can be very carried away by his romantic ideals. If we try to confuse them...

Dubreil se racle la gorge bruyamment.

DOLLAN, *à Couvelaire*. Yeah, and so?

DUBREIL, *à Couvelaire, sans ménagement.* Qu'est-ce que vous racontez tous les deux. On vous demande de traduire, pas de faire une explication de texte.

DOLLAN, *à Couvelaire.* What did he say?

COUVELAIRE, *à Dollan.* Nothing, nothing.

DOLLAN, *à Couvelaire.* Why is he speaking to you in that tone?

COUVELAIRE. They are very nervous. Globally. Always. It is their nature. That's why it is generally so difficult to arrive at an agreement.

DUBREIL *s'agace.* Vous n'avez pas bientôt fini tous les deux ? Si Dollan est venu pour que vous soyez deux exactement pareils il peut tout de suite repartir pour New York, on n'a pas besoin d'un autre Couvelaire dans les parages.

VALLETTE. On aimerait l'entendre sur ses intentions. Qu'est-ce qu'il compte faire pour nous sortir de ce blocage. J'imagine qu'il a des choses à nous dire.

DOLLAN, *à Couvelaire.* Tell them that because of their strike, we have lost an enormous amount of money, which is putting the company in danger, I will be forced to close factories, delocalize.

COUVELAIRE, *à Dollan.* Are you sure this is the way you want to start the conversation with them?

DOLLAN. Go on.

COUVELAIRE, *aux représentants syndicaux.* Il dit que vous faites perdre un maximum d'argent à l'entreprise, ces pertes peuvent être préjudiciables à la santé financière du groupe, ce qui pourrait amener Dollan, dans un avenir plus ou moins proche, à prendre des décisions douloureuses, fermeture, cession, délocalisation, etc.

PRADEYROL. On ne rentre pas dans ce discours-là.

VALLETTE. On ne va pas s'apitoyer sur son sort.

DUBREIL. À la limite tant mieux s'il perd un maximum de thunes, il ne fallait pas jouer au plus malin avec nous. Aujourd'hui on ne peut plus faire n'importe quoi, tout se paie, l'impunité n'existe plus.

VALLETTE. Il n'aura qu'à renflouer Villeneuve-Saint-André avec les dollars de son fonds de pension.

PRADEYROL. Traduisez.

COUVELAIRE, *à Dollan, mal à l'aise*. They say they are sorry that you have lost so much money, it was not, of course, in their intentions in the beginning, they are just fighting for what they want. They are feeling the losses too.

DOLLAN *l'interrompt*. Perfect, I am thrilled to see that they are so reasonable. In fact, they aren't so bad, your Trotskyists, I expected a lot worse. Tell them, I'm pleased to see they are leaning towards this disposition, I was this close to selling ATM off to a Chinese group. On a whim, I almost did it again two days ago, all I had to do was push a button. I was right to hold off.

Dubreil, *à Couvelaire*. Qu'est-ce qu'il dit ?

Couvelaire. Rien, il adore la France, il espère que les négociations se passeront bien, que vous accepterez d'entendre raison.

Vallette. Ben tiens…

Dubreil. Entendre raison ? Parce que lui il n'a pas l'intention d'entendre raison ? C'est à nous d'entendre raison ?

Vallette. Ça commence bien.

Couvelaire, *à Dubreil*. Pour vous dire ce que je sens, si ça vous intéresse…

Dubreil. Allez-y.

Couvelaire. Si vous levez la grève tout de suite, il sera prêt à faire un geste. Je le sens. Un vrai geste. C'est mon intime conviction. Ça vaut le coup d'essayer à mon avis.

Pradeyrol *l'interrompt brutalement, irrité*. Pourquoi il parlait de Chinois tout à l'heure ?

Vallette, *en même temps que Pradeyrol*. Vous nous prenez vraiment pour des débiles.

Couvelaire, *à Vallette*. Moi ? Pas du tout, pourquoi vous dites ça madame Vallette ? *À Pradeyrol*. Dollan a parlé de Chinois ? Non, je ne pense pas, vous vous trompez.

Pradeyrol. Il a dit Chinese. Chinese ça signifie Chinois. *À Dollan*. Chinese? Chinese?

Dollan. Yes, Chinese, I almost sold you out to a goddamn Chinese group. Real killers. Then you would know what real pain is, boys.

Dollan se met à rire. Il tape sur l'épaule de

Pradeyrol avec paternalisme, comme s'ils s'étaient réconciliés après un lourd malentendu. Il montre le piquet de grève.

I can tell you, they would have had all this cleaned up in two days, with a nice little private militia. We Americans are like school boys compared to the Chinese.

Dollan rit aux éclats.

DUBREIL. Pourquoi il rit comme ça ?

COUVELAIRE. Il est heureux d'être en France. Il dit qu'ils sont moins durs que les Chinois, contrairement à ce qu'on pourrait penser. Avec les Américains, on peut toujours parler.

PRADEYROL. Ne nous prenez pas pour des cons, monsieur Couvelaire.

VALLETTE. On sait assez d'anglais pour comprendre que nos propos ne sont pas fidèlement reproduits, ni ceux de l'Américain.

DUBREIL. Dites-lui texto qu'on se fout royalement qu'il perde du pognon avec nos grèves. Royalement. On attendra le temps qu'il faut. On le mettra à genoux. Allez-y. Traduisez.

Couvelaire hésite. Il se racle la gorge.

DOLLAN. What's happening? I've got a bad feeling that I'm missing something here. Your Trotskyists' mood isn't all that great after all, is it.

COUVELAIRE. They are closing off again. Cramping up. I warned you. It is their nature, they are very susceptible, very bipolar.

Dubreil. Vous ne traduisez pas, là. Traduisez, on vous dit.

Couvelaire, *à Dollan*. They don't care that you lose your money, they are almost happy to hear this, it is a combat, they will go to the end, they are determined.

Dollan n'en revient pas. Il regarde Dubreil avec étonnement.

Dubreil, *à Dollan*. Yes. Royaly. Mais alors: *royaly*.

Dollan, *à Couvelaire*. They told you to tell me that? Verbatim?

Couvelaire. I even made it more toned down.

Dollan. Tell them that our destinies are intertwined. If the company loses money, it becomes fragile, the consequences will be fatal for them, *them*, the workers, unlike those of us with multiple sources of income.

They shouldn't provoke me, this is like poker in my world, I don't mind losing a few hands for the pleasure of the game.

I know myself, after two months of joking around with your communists, I am capable of sacrificing this damn little failing French factory, of letting it rot like a dog on the side of the road.

Couvelaire regarde Dollan interloqué.

Couvelaire, *à Dubreil*. Bien, il dit qu'en fait...

Dollan *se ressaisit, l'interrompt*. No, tell them we aren't going to get anywhere standing in front of this factory. Let's go in an office, without stopping the strike, and start at square one.

COUVELAIRE, *à Dollan*. OK, it's better. *À Dubreil, Pradeyrol et Vallette.* Il dit qu'il est d'accord pour poursuivre cette discussion fructueuse autour d'une table, dans un bureau, à l'abri des intempéries.

VALLETTE. Il parle vraiment comme vous l'Américain, ou c'est vous qui mettez à votre sauce en traduisant ?

COUVELAIRE. Je ne vois pas à quoi vous voulez faire allusion.

DUBREIL. Dites-lui qu'on est ravis d'aller discuter avec lui dans un bureau sans qu'il faille lever la grève. On le remercie de sa souplesse.

PRADEYROL. De sa confiance.

COUVELAIRE. They are happy to bring you inside to begin a discussion.

Sur le même ton, pour plus de discrétion.

We need to be careful that this is not going to be a trap. They are strangely ready to speak, all of a sudden. There is a risk that we will be closed inside for a certain time.

VALLETTE, *à Couvelaire*. Qu'est-ce que vous lui dites ?

Couvelaire ne répond pas, regarde par terre, gêné.

DOLLAN, *à Vallette, Dubreil et Pradeyrol*. OK, thank you, let's go.

DUBREIL *sourit à Dollan et lui parle directe-*

ment, pour la première fois. Il s'exprime un peu plus lentement que d'habitude. OK, thank you very much, Mr Dollan. Merci pour votre souplesse. On va vous emmener dans l'usine, on va essayer de reprendre les négociations sur de nouvelles bases. Mais on ne négocie plus avec ce gus, on voulait vous dire ça, mes camarades et moi. C'est une condition que l'on pose. Il va devoir rester dehors à nous attendre. Désolé.

Dubreil a fait un mouvement de tête vers Couvelaire. Dollan signifie à Dubreil qu'il n'a pas compris ce qu'il vient de lui dire.

DUBREIL, *à Couvelaire, sans le regarder.* Traduisez.

COUVELAIRE *regarde le profil de Dubreil avec un air ahuri.* Mais qu'est-ce que c'est que cette histoire ?

DUBREIL, *avec autorité, continuant de regarder Dollan.* Traduisez, on vous dit.

COUVELAIRE. Je ne comprends pas. De quel gus vous voulez parler ?

DUBREIL. D'après vous ?

COUVELAIRE. Dubreil. Je ne sais pas à quel jeu vous jouez.

DUBREIL. On ne veut plus négocier avec vous. On exige que vous restiez devant l'usine, sous vos intempéries. Dites-le à l'Américain. Maintenant.

DOLLAN, *à Couvelaire.* What's going on ? Is there a problem ?

COUVELAIRE, *à Dollan, sans le regarder.* One

minute. *À Dubreil.* Écoutez, ne perdons pas de temps à ces enfantillages.

DUBREIL *se tourne vers Couvelaire.* Dites-le.

COUVELAIRE *s'énerve.* Mais enfin. Vous ne voulez tout de même pas que je dise ça à Dollan ? Arrêtez vos conneries maintenant. Vous êtes tombé sur la tête ou quoi ?

DOLLAN *s'impatiente.* Is it possible to know what is going on here?

DUBREIL, *à Couvelaire.* Traduisez ou je vais chercher quelqu'un qui parle anglais.

Dollan regarde Couvelaire pour avoir la traduction.

COUVELAIRE, *aux représentants du personnel, radouci.* Arrêtez ces simagrées. Vous ne vous rendrez même pas compte de ma présence, je ne dirai rien, je me mettrai dans un coin, sur une chaise. Je serai seulement l'interprète.

DUBREIL. Traduisez.

COUVELAIRE, *à Dollan, après quelques instants d'hésitation.* They are OK to negotiate, but we think it's better if I stay outside of these discussions, to start from a new base. It is what I propose to do, in the interest of efficiency.

DOLLAN. No. I categorically refuse that. You stay.

COUVELAIRE, *à Dubreil.* Il refuse. Je n'y peux rien. Il ne veut pas.

Dubreil, avec ses mains qui font non, avec ses avant-bras qui dessinent une croix devant le visage de Couvelaire, fait comprendre à Dollan qu'il refuse de poursuivre avec lui.

DUBREIL. No. Is it no.

COUVELAIRE, *à Dollan.* Dubreil insists you consider the suggestion I have made.

DOLLAN. OK. What do I care. In that case, who would he like to negotiate with? Ask them.

DUBREIL *devance la traduction de Couvelaire.* Basilico.

COUVELAIRE, *abasourdi.* Dubreil, qu'est-ce que vous racontez, vous êtes tombé sur la tête ou quoi ? Qu'est-ce qui vous arrive aujourd'hui mon vieux ? En plus je vous rappelle que Basilico ne fait plus partie de la société.

DUBREIL. C'est faux.

COUVELAIRE. La procédure est en cours.

DUBREIL. Elle est en arrêt maladie.

DOLLAN, *à Couvelaire.* I'm hearing talk of Élisabeth. They want to negotiate with Élisabeth?

COUVELAIRE, *à Dollan.* I fear, yes.

DOLLAN. And so? Where's the problem? Where is she? Why don't we go get her?

COUVELAIRE. She is in Paris.

DOLLAN. In Paris? Why is she in Paris?

COUVELAIRE. She has taken a sick leave.

DOLLAN. She's sick?

Couvelaire est mal à l'aise, il hésite à répondre, il s'apprête à parler.

DOLLAN *s'impatiente.* She's sick?

COUVELAIRE. No.

DOLLAN. So she can get here?

COUVELAIRE. Yes, maybe.

DOLLAN. Tell her to get on a plane. How long before she gets here? Three, four hours? Call her.

COUVELAIRE. When? *Avec étonnement.* Here? Right now?

DOLLAN *s'énerve.* When where you thinking to do it? Tomorrow? Next week? After all our competitors have stolen our Villeneuve-Saint-André clientele? Tell her to get here. We'll wait.

Couvelaire prend son téléphone portable pour appeler Basilico.

21. VILLENEUVE-SAINT-ANDRÉ, JEUDI 24 DÉCEMBRE, 15 H 15, DANS UN BUREAU DE L'USINE.

C'est un échange intense, intime, d'une grande douceur mais par moments assez tendu, entrecoupé de longs silences. Basilico semble physiquement fatiguée, un peu abîmée par l'épreuve qu'elle vient de traverser.

BASILICO. Si j'ai bien compris, c'est à vous que je dois mon retour.

DUBREIL. C'est une idée que j'ai eue. J'en ai fait part à mes camarades.

BASILICO. J'ai une question à vous poser. Elle est très importante pour moi.

DUBREIL. Je vous écoute.

BASILICO. J'aimerais que vous y répondiez avec sincérité.

DUBREIL. Il n'est pas toujours facile de savoir où se trouve la sincérité, c'est même parfois assez compliqué, mais je vous promets d'essayer.

BASILICO. Chez vous, ou en général ?

DUBREIL. Quoi ? La sincérité ?

Basilico approuve.

Les deux : chez moi, et en général. Non ?

Basilico ne répond pas.

Où est-ce qu'il faut aller la chercher, la sincérité ? Dans le cœur ? Dans le ventre ? Dans les tripes ? Dans la raison ? Dans les opinions ? Dans l'idéologie ? *Il sourit.* Encore ailleurs ? C'est difficile, vous ne trouvez pas ?

Ils se regardent avec intensité.

BASILICO. Donc. Ma question.

Avez-vous pensé une seule fois que je vous avais menti, au sujet de la vente de Pessac ?

Dites-moi la vérité.

Un temps.

Je vois la réponse dans votre regard. Exactement comme l'autre jour, vous avez vu dans mon regard... *Elle s'interrompt.* Dites-le-moi. C'est la seule chose que j'ai besoin d'entendre. Que ce jour-là vous n'avez pas pensé que j'étais une salope qui vous avait trahi.

Un temps.

DUBREIL. Je vous ai crue. J'ai compris que Couvelaire vous avait manipulée.

Basilico sourit à Dubreil.

BASILICO. J'avais fini par en douter.

Le message que vous m'avez envoyé m'a beaucoup touchée. Vous n'avez pas été nombreux à avoir pris la peine de m'écrire.

DUBREIL. C'est allé beaucoup plus loin que je ne l'aurais voulu.

Mais faire semblant de ne pas vous croire et vous accuser de mensonge… *Dubreil s'interrompt, un peu embarrassé.* J'ai tout de suite vu qu'on allait pouvoir porter notre combat sur le devant de la scène, en faire un symbole, le médiatiser. C'est ce que j'ai compris pendant cet échange entre nous. J'ai hésité, c'était injuste et dégueulasse pour vous, mais j'ai choisi de ne pas en tenir compte : je n'ai pas pensé à moi, ni à vous. *Il hésite.* Ni même à nous deux. *Basilico sourit.* C'est une sorte de guerre après tout, tant pis, je ne voyais pas pour quelle raison je vous aurais épargnée.

Je suis désolé de ce que vous avez dû endurer. J'ai beaucoup pensé à vous pendant toute cette période. À un autre étage, en quelque sorte. Dans un autre endroit, si vous préférez.

Basilico le remercie d'un sourire. Son visage se détend.

Vous n'avez pas l'air de m'en vouloir.

BASILICO. Je ne vous en veux pas.

DUBREIL. Comment ça se fait ?

Basilico. Vous avez été ignoble, les dégâts ont été énormes…

Dubreil *l'interrompt*. Je ne pouvais pas faire autrement.

Basilico. Je sais. Je suis d'accord. Vous ne pouviez pas. Vous ne deviez pas. C'est ce que j'ai fini par comprendre. Vous avez eu raison.

En revanche, quelque chose se serait cassé si j'avais découvert que vous ne m'aviez pas crue.

Je vous en aurais beaucoup voulu.

Un temps.

Dubreil. Je n'avais pas anticipé les conséquences.

Basilico *l'interrompt*. N'en parlons plus.

Maintenant, il va falloir qu'on avance.

Vous réclamez trente-six mois, plus la sanctuarisation du site de Pessac pour les cinq ans à venir. Dites-moi précisément, les yeux dans les yeux, ce que vous visez réellement, vos camarades et vous.

Dubreil hésite quelques secondes.

Basilico. Vous ne me faites pas confiance ?

Dubreil. Bien sûr que si.

Vingt-six mois. Et que l'usine de Pessac ne soit pas vendue dans les trois ans.

Basilico. Parfait.

J'ai l'intention de réclamer trente mois.

Un temps.

Dubreil, *surpris*. Mais vous pensez pouvoir les obtenir ?

BASILICO. Je suis leur seul recours possible pour les sortir de l'impasse.

Je n'ai pas envie de me venger. Je ne veux punir personne, ni vous, ni Couvelaire, ni Dollan, ni les partenaires sociaux. Je me sens libre. Je veux être le plus équitable possible.

Dubreil regarde Basilico en approuvant ses propos de la tête, visiblement très satisfait par ce qu'elle vient de lui annoncer.

Pour Pessac, je vous propose de ne pas vous battre sur la sanctuarisation. Ce n'est pas par ce type de contrainte que vous les attacherez à cette usine, mais en la rendant plus précieuse à leurs yeux.

DUBREIL. C'est-à-dire ?

BASILICO. Ils doivent vous garantir un plan d'investissement sur trois ans. Je vous aiderai.

DUBREIL. Mais vous pensez que Couvelaire est capable de concevoir un plan d'investissement qui remette cette usine dans l'avenir ? J'ai de sérieux doutes.

BASILICO. Ce ne sera pas Couvelaire qui imaginera ce plan.

DUBREIL. Vous allez le faire virer ? Ce serait une bonne nouvelle.

BASILICO. Je ne m'abaisserai pas à réclamer sa tête. Il partira de lui-même : la situation dans laquelle vous l'avez mis l'y oblige. C'est vous qui avez eu sa peau.

DUBREIL. Vous allez prendre sa place ?

Basilico éclate de rire.

BASILICO. Pourquoi, c'est ce que vous voulez ?

DUBREIL. Je ne sais pas. Je ne me suis jamais posé la question à vrai dire.

BASILICO. Moi non plus. Non. Je vais quitter l'entreprise moi aussi. J'ai besoin de respirer. De prendre du temps pour moi.

À part ça, j'ai repensé à votre grand rêve.

DUBREIL, *étonné*. Mon grand rêve ? Quel grand rêve ?

BASILICO. Faire de la politique.

Dubreil éclate de rire.

DUBREIL, *gêné*. Non mais c'est trop tard, arrêtez, vous m'embarrassez, je ne sais pas ce qui m'a pris le jour où je vous ai raconté ça.

BASILICO. J'ai parlé de vous au député-maire de Villeneuve-Saint-André. Il sait parfaitement qui vous êtes.

Dubreil approuve d'un mouvement de tête, attend la suite.

Je l'ai informé de votre envie de faire de la politique. Il pense que c'est une bonne idée. *Avec malice*. J'ai fait l'éloge de vos talents : je suis bien placée pour en connaître toute l'étendue.

Dubreil sourit, gêné.

Je vais organiser un dîner. Nous nous verrons tous les trois après les fêtes. C'est de l'ordre du possible qu'il vous prenne sur sa liste pour les prochaines municipales.

DUBREIL. Je ne sais pas comment vous remercier.

Basilico lui fait signe qu'il ne faut pas la remercier.

BASILICO. Comment va Marianne ?

Un temps.

DUBREIL. Pas très bien.

Basilico l'interroge du regard.

Un temps.

DUBREIL. Elle est partie.

Un temps.

BASILICO. Je suis désolée.

Un temps.

DUBREIL. Ça n'allait plus depuis un certain temps. Ça n'allait déjà plus quand on a parlé d'elle, au siège, en septembre, vous vous souvenez ?

Basilico approuve en souriant.

Je passe trop de temps à mes activités syndicales. Elle s'en plaignait de plus en plus. Il n'y avait plus rien d'autre dans ma vie, même le soir et les week-ends.

BASILICO. Elle reviendra. C'est aussi à cause des circonstances.

DUBREIL. Je ne crois pas. C'est allé loin. Ce qui s'est dit me semble irrévocable.

C'est d'ailleurs en grande partie à votre sujet.

Basilico sursaute, se fige, regarde Dubreil avec incrédulité.

BASILICO. À mon sujet ?

DUBREIL. Je lui avais tout dit dès le premier soir.

Quand on a commencé à parler de vous dans les

médias, elle m'a demandé comment je pouvais me regarder dans une glace. Je devais vous innocenter, charger Couvelaire, entraîner les syndicats derrière moi. Elle se sentait blessée que vous viviez tout ça à cause de moi. Elle me traitait de monstre. Faire ça à une femme, à vous en plus, sans culpabilité. Je l'ai déçue. Profondément, je crois.

BASILICO. Tout va rentrer dans l'ordre. Je lui parlerai si vous voulez.

DUBREIL. Ce n'est pas la peine. Elle a eu le courage de partir.

Un temps.

Basilico sourit à Dubreil. Il lui sourit en retour.

BASILICO. Bon, vos camarades et Dollan nous attendent pour la réunion, ils vont finir par se demander ce qu'on fait.

Si on récapitule : trente mois et un plan d'investissement sur trois ans.

D'accord ?

DUBREIL. D'accord.

BASILICO. On y va ?

DUBREIL. On y va.

Ils se regardent.

Ils se sourient.

Ils sortent.

ANNEXES

VERSION FRANÇAISE DU TABLEAU 2.

Chaleur accablante. Basilico et Dollan transpirent, ce dernier a retiré sa veste et remonté les manches de sa chemise. Couvelaire, stoïque, ne donne aucun signe d'indisposition.

Dollan est toujours strict, retenu, un peu lointain et supérieur, parfois incisif et ironique, voire condescendant, mais jamais familier.

Il est visible qu'il impressionne Basilico et Couvelaire.

DOLLAN. C'est une bonne décision. On ne pouvait plus continuer à perdre autant d'argent. Combien de personnes vont devoir partir ?

BASILICO. Cent quatre-vingt-douze.

DOLLAN. On aurait dû le faire avant. Vous vous rendez compte qu'on employait *cent quatre-vingt-douze* personnes pour faire tourner un site déficitaire ? Depuis combien d'années ?

COUVELAIRE. Une réunion est prévue dans deux semaines avec le comité central d'entreprise. Cette usine va être épurée.

DOLLAN. Je ne comprends pas pourquoi il faut toujours attendre le dernier moment pour résoudre les problèmes.

Je vous préviens, si dans un an Villeneuve-Saint-André continue de nous faire perdre de l'argent, je m'en débarrasse.

BASILICO. Nous sommes d'accord, il devenait urgent d'arrêter le Polyrax. Effectivement, nous aurions pu l'envisager l'année dernière, mais je ne pense pas qu'à cette date le personnel aurait pu l'entendre.

DOLLAN, *visiblement choqué par cette observation*. Depuis quand faut-il attendre que le personnel puisse *entendre* une décision pour décider de la prendre ?

BASILICO *essaie de rectifier la mauvaise impression qu'elle craint d'avoir donnée*. Je ne dis pas qu'il faut se préoccuper outre mesure des états d'âme du personnel. Je dis seulement qu'en France, s'opposer frontalement à la volonté des salariés peut se révéler périlleux.

DOLLAN. On crève de chaud, je suis désolé, le climatisateur est en panne depuis ce matin. Je ne sais pas ce qu'ils attendent pour le réparer.

COUVELAIRE. Tout va bien, ne vous inquiétez pas.

DOLLAN, *à Couvelaire*. Tombez la veste, faites comme moi, vous ne pourrez pas résister sinon.

Couvelaire signifie à Dollan que tout va bien.

Vous aussi, Élisabeth, mettez-vous à l'aise, retirez-moi cette veste de tailleur, vous transpirez.

Basilico sourit à Dollan puis retire sa veste de tailleur, elle porte un haut en soie blanc sans manches, assez moulant, avec un collier. Dollan regarde le buste, les bras nus de Basilico. Elle essuie, gênée, souriante, avec le dos de ses mains, délicate, quelques gouttes de sueur qui perlent sur son front, sur ses tempes.

DOLLAN. À New York, quand c'est l'été indien, les températures peuvent atteindre des hauteurs délirantes. Je vais demander qu'on nous apporte des serviettes, on dégouline ici.

COUVELAIRE. Non, ce n'est pas la peine.

Dollan se lève, se dirige vers son bureau et appuie sur un bouton. Couvelaire foudroie Basilico du regard.

DOLLAN. Jean-Paul, je ne sais pas comment vous faites. Toujours impeccable, quelles que soient les circonstances. *Avec un sourire.* Alors qu'Élisabeth et moi, nous ne sommes que des humains tristement périssables...

La voix de Lynn qui sort de l'interphone interrompt Dollan.

LYNN, *par l'interphone*. Oui monsieur ?

DOLLAN. Lynn, auriez-vous la gentillesse de nous apporter deux serviettes de toilette. *À Basilico.* Il reste de l'eau ?

BASILICO. Une seule bouteille. *Elle met sa main*

autour de la bouteille et la tient serrée quelques instants. Mais elle est chaude.

DOLLAN. Et trois bouteilles d'eau. Pétillante. Merci. Ah, Lynn, autre chose.

LYNN, *par l'interphone*. Oui monsieur.

DOLLAN. Humectez légèrement l'une des deux serviettes, sur toute sa surface. Avec de l'eau froide, bien entendu.

LYNN, *par l'interphone*. Je vous fais ça tout de suite.

DOLLAN. Merci, Lynn.

Dollan lâche le bouton et revient s'asseoir.

J'adore l'été indien : c'est même, je pense, ma saison préférée.

Vous me direz que cette saison n'existe pas, que c'est juste une modalité particulière de l'automne, il n'empêche, pour moi, c'est une saison en soi. Aléatoire, certes, imprévisible, libre, mais une saison en soi, définitivement.

Vous aimez ça, Jean-Paul, l'été indien ?

Couvelaire semble ne pas savoir quoi répondre.

DOLLAN. Vous vous en moquez, quoi.

COUVELAIRE. Non, on ne peut pas dire ça. C'est agréable, ces températures estivales.

DOLLAN *leur montre la baie vitrée*. Mais la lumière, Jean-Paul, vous avez vu cette lumière ? Est-ce qu'on peut être dans les affaires sans être sensible à l'atmosphère ?

Dollan se tourne vers Basilico qui regarde à travers la baie vitrée.

BASILICO, *sobrement.* C'est magnifique en effet.

DOLLAN. L'été indien, c'est une anomalie, comme quand un titre se met à flamber en période de morosité. C'est une situation d'exception qui perdure. Moi j'adore les anomalies et les situations d'exception, c'est avec les anomalies qu'on gagne de l'argent. Quand les choses suivent tranquillement leur cours c'est sans doute bien pour la quiétude des populations, je ne le nie pas, mais on s'ennuie, il n'y a pas d'opportunités.

Dollan leur montre les baies vitrées.

Rien ne ressemble plus à la plénitude de la victoire individuelle que cette lumière profonde, pleine de sous-entendus, que vous voyez derrière ces vitres.

Pourquoi ? Vous le savez ?

Couvelaire fait signe qu'il attend la réponse.

Parce qu'en cette saison, normalement, il devrait pleuvoir, et qu'il fait beau. Quand arrive l'été indien, j'ai toujours l'impression que ça a lieu spécialement pour moi. Je vois ça et je me dis que c'est un signe du monde à mon égard, et qu'il va m'arriver quelque chose de fantastique.

Mais qu'est-ce qu'elle fait avec les serviettes ?

BASILICO. Ça va aller, on peut continuer.

COUVELAIRE. Par bonheur la sudation de notre amie n'est pas incommodante.

DOLLAN. Je n'osais pas le faire remarquer. Le raffinement de la femme française est décidément insurpassable.

Couvelaire. Je ne voulais pas être indélicat, Élisabeth. C'était naturellement un compliment.

Basilico approuve froidement d'un signe de tête.

Dollan. Bien, en attendant les serviettes, poursuivons, où en étions-nous ?

Basilico. J'étais sur le point d'attirer votre attention sur certaines spécificités françaises. La législation nous impose une procédure très contraignante. Dans un cas comme celui de Villeneuve-Saint-André, si on ne prend pas un minimum de précautions, ces contraintes peuvent devenir un long parcours du combattant.

Par l'expression de son visage, Dollan lui signifie qu'il n'est pas sûr d'avoir compris ce qu'il vient d'entendre, qui l'étonne au plus haut point.

Basilico s'essuie le front avec ses doigts.

Dollan. Vous ne seriez pas par hasard la première de ces prétendues spécificités françaises ? Ayez la gentillesse de décrypter.

Basilico. J'ai besoin d'au moins trois mois, si tout se passe bien, pour fermer cet atelier, ne serait-ce qu'à cause du nombre de réunions prévues par la loi. Les syndicats disposent d'un registre étendu de recours pour ralentir la procédure. Ils vont exiger la nomination d'un expert, cet expert sera en droit de réclamer tous les documents qu'il voudra, chaque requête introduira un délai supplémentaire. Il faut se soumettre à leur calendrier, les écouter, négocier, attendre que leurs recours aient été épuisés, ne pas commettre d'erreur de procédure.

DOLLAN, *toujours aussi sidéré*. Quand je vous écoute, j'ai l'impression de regarder un film. C'est distrayant jusqu'au moment où je me souviens que je suis dedans.

Dollan se tourne vers Couvelaire.

On n'est plus libre, quand on dirige une entreprise, de la gérer rationnellement ?

COUVELAIRE. La France est un pays qui protège plus les travailleurs qu'il n'encourage l'esprit d'entreprise.

DOLLAN. Ce n'est pas étonnant qu'elle soit en déclin.

Si on ferme quand même l'usine ? Les représentants du personnel, si on leur dit d'aller se faire foutre, que se passera-t-il ?

Qu'est-ce qu'il fait chaud, on va finir par poursuivre cette conversation dans un deli en bas de l'immeuble si ça continue.

Dollan desserre le nœud de sa cravate et s'évente un instant avec un dossier. Il jette un œil étonné sur Couvelaire qui reste imperturbable.

BASILICO. Je connais le cas d'une fermeture d'usine qui a été annulée en justice trois ans après son démantèlement. Comme le site n'existait plus et qu'il n'était pas possible de réintégrer les salariés, le groupe a dû verser trois ans de salaire à chacun d'eux. Il ne faut pas passer en force mais négocier patiemment.

Dollan. À vous écouter, cet atelier sera encore ouvert dans deux mois.

Basilico. Il le sera probablement. J'ai besoin d'au moins trois mois et d'une enveloppe relativement conséquente.

Dollan. Combien ?

Basilico. J'ai préparé trois scénarios chiffrés, avec les coûts, les risques et les délais.

Dollan *interrompt Basilico*. Ah, voilà enfin les serviettes.

Lynn entre dans la pièce avec un grand plateau. Elle pose les bouteilles sur la table puis s'apprête à distribuer les serviettes.

Dollan, *à Lynn*. La serviette humectée, c'est pour moi. Remettez l'autre à Élisabeth.

Lynn donne sa serviette à Élisabeth puis la sienne, humectée, à Dollan, qui la déplie et l'applique sur son visage jusqu'à l'arrière de son crâne, légèrement renversé en arrière. Dollan s'exprime dorénavant à travers sa serviette mouillée, ce qui l'oblige à hausser la voix.

Dollan. Ah, qu'est-ce que c'est bon. Jean-Paul, vous ne savez pas ce que vous perdez. Si vous changez d'avis, n'hésitez pas, je rappelle Lynn, il fait au moins quarante degrés dans mon bureau.

Basilico s'éponge délicatement le visage, s'essuie élégamment les bras, Couvelaire détourne le regard avec ostentation, comme irrité, voire dégoûté.

DOLLAN. Allez-y, Élisabeth, continuez, je vous écoute.

BASILICO. Je voulais vous mettre en garde sur autre chose. Qu'ATM soit détenu par un fonds de pension américain n'incitera pas les syndicats à faire preuve de mesure, ni les juges à nous témoigner de la clémence. On dira qu'en décidant de la fermeture partielle d'une vieille petite usine française, un fonds de pension va provoquer l'anéantissement de cent quatre-vingt-douze familles, froidement, en toute impunité, pour augmenter la valeur de son titre.

Basilico marque une pause. Dollan, légèrement incliné en arrière, le visage dissimulé par sa serviette, les mains posées à plat sur cette dernière, ne réagit pas, reste immobile, comme statufié. Silence relativement long. Basilico ne sait pas quoi faire et regarde Couvelaire, qui lui intime d'un geste autoritaire de poursuivre son exposé.

BASILICO. Cet abandon d'activité est inévitable, nous le savons, les représentants syndicaux le savent aussi bien que nous, mais ils feront semblant de ne pas l'avoir compris, pour pouvoir exploiter la situation.

Basilico marque de nouveau une pause. Un temps assez long. Basilico ne sait pas comment réagir. Puis Dollan se frictionne le visage et les cheveux avec vigueur avant de retirer sèchement sa serviette. Son visage est devenu sérieux et grave. Il la plie et la pose sur la table, à sa gauche. Il regarde

Basilico avec froideur, distant, comme si elle avait commis un impair ou qu'elle n'était pas compétente.

BASILICO, *un peu craintive*. Je suis d'accord, c'est exaspérant, on ne s'en sortira pas, en France, en conservant cet esprit archaïque, mais il s'agit d'une donnée incontournable. On ne doit pas minimiser cette dimension subjective du dossier, y compris dans son probable retentissement médiatique. Il faut qu'on soit prudents.

DOLLAN, *froidement, à Couvelaire*. Qu'en pensez-vous ?

COUVELAIRE. Quand j'entends qu'on est obligés de faire ce genre de conclusion, j'ai un peu honte d'être Français.

DOLLAN, *à Basilico*, *avec sévérité*. Qu'est-ce que vous proposez ?

COUVELAIRE *reprend la parole*. En même temps, c'est un rapport de force.

DOLLAN *s'anime*. J'allais vous le dire. C'est comme avec les animaux sauvages, on ne doit jamais leur faire sentir qu'on en a peur. Si vos interlocuteurs sentent d'instinct qu'on est disposé à leur faire des concessions, ils seront tentés d'en abuser. *À Basilico.* Non ?

BASILICO. Je n'ai jamais dit qu'il fallait s'aplatir. Mais on ne doit pas jouer au plus malin avec les syndicats.

Je connais bien certains représentants du personnel, ils savent que je suis loyale et je sais qu'ils le sont, pour la plupart d'entre eux. Si vous me faites confiance, tout se passera bien.

DOLLAN. C'est-à-dire ?

BASILICO. Je fermerai cette unité de production pour un coût acceptable, sans conflit social ni tapage médiatique.

Le visage de Dollan manifeste le plus grand scepticisme.

DOLLAN. C'est à se demander si à force de fréquenter ces syndicalistes vous n'êtes pas devenue vous-même légèrement socialiste. Par capillarité, sans même vous en être rendu compte.

BASILICO. J'ai préparé trois plans, ils sont dans ce dossier.

Basilico dispose devant Dollan trois cartons imprimés. Pendant qu'elle parle et qu'il lit distraitement ce qui est écrit dessus, Dollan fait tourner son stylo plume sur la table comme une hélice.

À une trentaine de kilomètres de Villeneuve-Saint-André, les salariés d'une entreprise qui a fermé l'année dernière, Ferblanc, ont obtenu trente-six mois.

COUVELAIRE *murmure pour lui-même.* C'est délirant.

BASILICO. Les partenaires sociaux auront cette somme en tête. Si nous leur présentons le plan A, qui prévoit trois fois moins, ils le percevront au mieux comme du mépris, au pire comme une provocation.

Dollan interrompt brusquement le mouvement

rotatif de son stylo, avant de poser son regard sur Basilico.

DOLLAN. Vous n'allez tout de même pas me conseiller de commencer directement par le plan haut ?

Basilico regarde Dollan sans répondre.

DOLLAN. Oui ? C'est bien ça ?

Malaise visible de Couvelaire.

BASILICO. J'aurai alors toutes les cartes en main pour fermer cet atelier en trois mois.

DOLLAN. C'est sûr que quand on paie le prix fort, on ne rencontre jamais d'obstacles. Offrez-leur en plus des vacances au Pérou, pour eux et leurs familles, vous fermerez en quinze jours.

BASILICO. C'est dans notre intérêt d'éviter les conflits.

DOLLAN. Le principe doit toujours être de débourser le moins possible.

BASILICO. De par ma connaissance du terrain, je crois être en mesure de vous indiquer où se trouve le curseur. C'est une information précieuse. On perdra moins d'argent à viser un objectif réaliste.

DOLLAN, *avec un léger mépris.* Ah oui ? Et alors ? Il se trouve où, votre *curseur* ?

BASILICO. Entre le plan haut et les trente-six mois qu'ils vont nous réclamer. Quoi qu'on fasse, j'ai l'intime conviction qu'ils obtiendront ce niveau d'indemnités auprès des juges. Environ trente mois. Voilà où se trouve le curseur. C'est ce qui serait équitable.

DOLLAN. Je choisis le plan bas, douze mois de salaire d'indemnités, une enveloppe d'accompagnement de huit millions d'euros. Commençons par le commencement, comme dans toute négociation digne de ce nom.

BASILICO. Permettez-moi de vous faire observer qu'en ce moment, en France, la situation est explosive. Ce plan va vous diaboliser, il mettra le feu aux poudres, il faut s'attendre à douze mois d'affrontement.

DOLLAN. C'est pour moi une question de principe. Vous m'avez présenté trois plans : je commence logiquement par le plan bas, nous monterons petit à petit, j'espère que nous pourrons nous arrêter quelque part avant le plan médian.

Si ce plan bas est susceptible de mettre le feu aux poudres et de nuire à nos intérêts, il ne fallait pas me le présenter.

COUVELAIRE, *à Basilico, l'empêchant de prendre la parole*. Il a raison.

Dollan regarde Basilico qui ne répond pas.

DOLLAN. Cette tactique que vous recommandez, qui consiste à toujours refuser l'affrontement, me prive de mes repères, j'ai l'impression d'avancer dans la brume, je préfère aller au contact.

BASILICO. Vos adversaires sont mieux armés que vous ne l'imaginez.

DOLLAN. On part sur le plan bas. Fermez-moi cet atelier dans les trois mois, je refuse que vous alliez au-delà du plan médian, débrouillez-vous à l'intérieur de cette marge de négociation. Nous nous sommes bien compris ?

BASILICO. Je vous tiendrai informé de l'avancement des opérations.

DOLLAN. Vous êtes gentille mais mes équipes et moi-même avons mieux à faire que de superviser la fermeture d'un atelier pétrochimique du sud de la France, sous prétexte qu'il serait tombé entre les mains d'une poignée d'excités. Rappelez-moi le nom de cette bourgade ?

BASILICO. Villeneuve-Saint-André.

DOLLAN. Nous avons terminé ? J'ai plusieurs choses à voir avec Jean-Paul.

BASILICO. Un dernier sujet.

DOLLAN, *irrité*. Oui.

BASILICO. Les syndicats souhaiteraient la garantie qu'aucune cession de site, aucune fermeture, ne sera engagée en France dans les prochaines années.

DOLLAN, *réellement stupéfait*. D'où ça sort ?

Cette entreprise m'appartient, j'en fais ce qu'il me plaît. Si demain l'envie me vient de vendre ATM à un groupe chinois, je vendrai ATM à un groupe chinois.

Dollan se tourne vers Couvelaire, qui ne sait pas quoi répondre et lui adresse un vague sourire d'approbation.

BASILICO. On raconte qu'une usine sera bientôt mise en vente. Je ne sais pas d'où vient cette rumeur, mais elle est tenace.

Dollan. Aucun projet sérieux n'est à l'étude.
Basilico. Aucun projet *sérieux* ?
Couvelaire. Aucun projet *tout court*.
Basilico. Vous me le confirmez ?
Dollan. Je vous le confirme.
Couvelaire. Sur tout le territoire français.
Basilico. Cette rumeur est ainsi fantaisiste ?
Couvelaire. Elle relève du fantasme.
Basilico. Je vais porter cette clarification à la connaissance des syndicats.
Couvelaire. Attendez peut-être qu'ils vous le demandent.
Basilico. Figurez-vous qu'ils me l'ont déjà demandé.
Couvelaire. Ah bon. Déjà ?
Basilico. Avec la plus grande insistance.
Dollan. Alors rassurez-les. Avec la plus grande insistance.
Basilico. C'est ce que je voulais vous entendre dire.
Il serait hautement souhaitable de se maintenir sur cette ligne pendant un certain temps.
Dollan, *négligemment, un peu irrité*. Je vous ai entendue.
On se voit pour le déjeuner. À douze heures trente dans le hall.
Basilico se lève et sort du bureau.
Un temps.
Dollan. Vous êtes sûr que cette femme est la

bonne personne ? Elle m'inspire des réserves. Je la trouve très... *française*.

COUVELAIRE. Que voulez-vous dire ?

DOLLAN. Si on la compare à vous, dont l'esprit est incontestablement international.

Couvelaire sourit, flatté. Dollan passe derrière son bureau, retire sa chemise, Couvelaire se détourne avec pudeur et lui parle en évitant de le regarder. Dollan sort une chemise pliée d'un tiroir de son bureau, déchire le ruban de papier autour, la déboutonne tout en s'approchant de Couvelaire, qui lève les yeux vers lui.

COUVELAIRE. C'est une excellente DRH. Elle est loyale, elle est courageuse, elle ne se démonte pas, les représentants du personnel lui font confiance, ce qui, en France, croyez-moi, est un atout précieux. Elle prend les choses très à cœur. Elle veut faire son métier au mieux.

Dollan prend sa serviette sur la table mais elle est mouillée. Alors il avise celle de Basilico, croise le regard de Couvelaire qui se détourne immédiatement. Dollan la ramasse, la porte un instant à ses narines, en respire brièvement le parfum, se la passe sur le visage puis s'essuie longuement le torse avec, tout en parlant à Couvelaire qui a toujours le regard détourné.

DOLLAN. OK, elle veut faire de son mieux. Mais au mieux des intérêts du groupe, ou bien au mieux de l'idée qu'elle se fait de son métier ? Ce n'est pas tout à fait la même chose. Je me méfie de ces personnes qui ont une conception élevée de leur action, ou du rôle qu'elles croient tenir.

COUVELAIRE. C'est en effet dans sa nature, à l'état latent. Mais n'exagérons rien, elle ne lit pas Montaigne tous les matins non plus. Jusqu'à présent, je n'ai pas eu à me plaindre d'une inflation de ses penchants, je ne sais pas comment les appeler.

Dollan approche de nouveau la serviette de Basilico de ses narines puis la pose sur la sienne, sans la plier.

DOLLAN. Compassionnels.

COUVELAIRE. Si vous voulez.

Dollan enfile sa chemise propre, la boutonne et se place sous le regard de Couvelaire, qui lève la tête vers lui.

DOLLAN. Laissez-la monter toute seule en première ligne. Elle est belle, les syndicats l'apprécient, elle pourra peut-être les faire plier, elle a l'air de savoir y faire. Soyons un peu démagogues, utilisons au mieux ce qu'elle dégage, je veux qu'elle parle à la télévision, elle donnera un visage maternel à ce projet industriel.

Si les débats dégénèrent, laissez Élisabeth se consumer, restez bien en retrait, vous ferez figure de sauveur si ses difficultés vous obligent à reprendre les négociations.

Un temps.

Vous aviez raison, Élisabeth n'a laissé sur sa serviette qu'un léger souvenir de parfum, très agréable au demeurant.

VERSION FRANÇAISE DU TABLEAU 7.

DOLLAN. J'aimerais savoir ce que vous entendez exactement par ce constat : les négociations sont bloquées.

COUVELAIRE. Les syndicats refusent d'aller plus loin dans les discussions. Nous sommes dans un cul-de-sac.

DOLLAN. Une femme ici m'a montré des images sur Internet. On y voit des ouvriers bloquer des trains, ils ont des fumigènes, à un moment ils se font griller des saucisses devant l'usine, genre barbecue protestataire. Elle est jolie cette usine, murs de brique, cheminée d'époque, portail en fer forgé, à mon avis fin XIXe. Pittoresque, très pittoresque.

COUVELAIRE. C'est l'entrée principale, effectivement d'origine. Je vous rassure, on trouve derrière des bâtiments moins anciens.

DOLLAN. C'est formidable Internet : on peut se transporter depuis New York jusque devant les grilles d'une vieille usine française. L'autre jour j'ai entendu mon nom dans les grésillements d'un porte-voix : « *Dollan, Dollan, Dollan.* » On voit distinctement les visages des meneurs, il y en a un, corpulent, avec d'épaisses moustaches, qui m'a paru particulièrement remonté.

COUVELAIRE. C'est Denis Dubreil. Ne m'en parlez pas. Je ne serais pas étonné qu'il soit trotskiste.

DOLLAN. Il y a encore des trotskistes en France ? Vous me surprenez.

Vous êtes tous fous. Bientôt, en France, il n'y aura plus de travail, et vous passerez vos journées dans les cafés à boire du vin.

Couvelaire regarde Dollan sans répondre.

Un temps.

J'ai l'air comme ça de prendre les choses à la légère, je vous parle de ces images d'un ton badin, mais n'allez pas en conclure que je ne suis pas en colère. Je suis furieux contre vous.

COUVELAIRE. Je suis moi-même très contrarié par ce blocage.

DOLLAN, *sèchement.* Vous dirigez cette entreprise, sauf erreur de ma part.

COUVELAIRE, *un peu inquiet.* Mais souvenez-vous, on avait décidé de faire monter Basilico en première ligne, c'est ce que j'ai fait, je ne comprends pas comment elle s'est débrouillée. Je n'étais pas présent à la fin de la fameuse réunion, celle où les négociations ont volé en éclats.

DOLLAN, *sévèrement.* Si cette femme n'était pas étalonnée pour assumer l'épreuve de ce bras de fer, vous auriez dû le savoir, ou bien vous en rendre compte plus tôt.

Couvelaire baisse le regard. Dollan est de plus en plus irrité.

Qu'est-ce qu'on va faire, *maintenant* ?

Un temps.

COUVELAIRE. Elle se trouve dans la pièce à côté, autant l'interroger directement.

DOLLAN, *après quelques instants d'hésitation.* Très bien. Allez la chercher.

Couvelaire sort. Pendant son absence, Dollan se lève, fait quelques pas en réfléchissant, consulte sa montre, secoue la tête pour lui-même, exaspéré. Il décompose avec son bras, lentement, à deux reprises, le geste du revers, assez parfait dans son déroulement.

Couvelaire revient avec Basilico.

DOLLAN, *glacial, à Basilico.* Asseyez-vous.

Basilico s'assied.

J'espère que vous avez fait bon voyage.

Basilico lui signifie par un sourire que cela n'a aucune importance.

Un temps.

Je dois faire un gros effort pour ne pas me mettre en colère. Je suis un peu comme ce ciel que vous voyez derrière les baies vitrées, noir, prêt à éclater. D'ailleurs ils ont annoncé une tempête de neige – on est seulement le 12 novembre, c'est à n'y plus rien comprendre. *À Couvelaire.* À ce propos, il est quand, votre avion ?

COUVELAIRE. Ce soir à vingt et une heures.

DOLLAN. Vous ne pourrez pas décoller. Vous n'avez pas écouté les informations ? *Couvelaire fait non de la tête. À Basilico.* Vous non plus ?

BASILICO. On est arrivés hier soir.

DOLLAN. C'est ce qui s'appelle un aller-retour.

Tous les médias ne parlent que de ça, on annonce pour midi une énorme tempête de neige, du jamais vu depuis 1882. Moi qui adore les anomalies, cette année, je suis servi. Remarquez qu'avec l'été indien, j'ai été déçu. Vous vous souvenez de cette sublime lumière, la dernière fois ? *Silence de Basilico et Couvelaire. Ils se contentent d'approuver d'un signe de tête et d'un sourire. Dollan poursuit, sur un ton affirmatif.* Non, vous avez déjà oublié, vous ne vous en souvenez pas. Ce n'est pas tellement étonnant que vous soyez capables de vous mettre dans des situations inextricables. Quand on a aussi peu le sens de l'instant, du mouvement, des phénomènes sensibles… *Il insiste, avec une réelle incrédulité.* Vraiment, vous ne vous souvenez pas ?

COUVELAIRE *sourit.* Si si, bien sûr.

BASILICO, *lasse, d'une petite voix.* Si, c'était somptueux.

DOLLAN. Eh bien figurez-vous, ce magnifique été indien n'aura pas duré plus longtemps que vos piteuses négociations : à peine dix jours. Après, tout s'est gâté, nous sommes rentrés dans un automne des plus lugubres, pluvieux, scandé par tous vos mails catastrophistes.

Pourtant, vous êtes sortie de ce bureau le mois dernier en m'assurant que les moyens que je mettais à votre disposition étaient suffisants. Vous vous êtes présentée comme une experte, avec même cette légère arrogance qu'ont toujours les Français quand ils s'étonnent qu'on puisse s'interroger sur leurs capacités.

Dollan s'interrompt.

Vous ne retirez pas votre manteau ?

Basilico fait non de la tête.

Vous avez froid ?

BASILICO, *négligemment*. Ça va aller.

DOLLAN, *dubitatif*. Bien.

Un temps.

BASILICO, *prudente*. Je vous avais prévenu que l'enveloppe était insuffisante. Que les syndicats allaient la refuser.

DOLLAN, *avec mépris*. Mais pas au point qu'on doive faire face à des grèves ! Je ne m'étais pas imaginé qu'ils bloqueraient des trains ! Qu'ils se feraient griller des saucisses devant l'usine, sous l'œil des caméras de CNN, pendant leurs heures de travail ! Je ne pouvais pas me douter qu'avec une DRH telle que vous, ils oseraient aller sonner chez le préfet ! Je me demande ce qu'ils attendent pour aller voir le ministre de l'Industrie !

BASILICO, *craintive, hésitante*. Ils le voient la semaine prochaine.

DOLLAN, *avec ironie*. De mieux en mieux.

Personne n'avait cru bon de m'informer de cette péripétie.

BASILICO. Elle date d'il y a une heure. Je viens moi-même de l'apprendre par un tweet de Dubreil.

DOLLAN. Dubreil ?

BASILICO. L'un des représentants syndicaux.

COUVELAIRE. Le moustachu dont nous parlions tout à l'heure.

DOLLAN. Ce garçon me paraît particulièrement audacieux, si j'en juge d'après ses agissements devant les grilles.

BASILICO. Pas uniquement devant les grilles. C'est un redoutable négociateur. Il vise des fonctions politiques. Je pense qu'il ira loin dans les instances dirigeantes de sa centrale syndicale.

DOLLAN, *avec irritation, exaspéré*. Mais enfin, comment se fait-il que vous ayez si peu les choses en main ?

BASILICO. Je vous ai dit le mois dernier que nous devions nous préparer à douze mois d'affrontement.

DOLLAN, *avec dédain*. Je ne pense pas que vous ayez prononcé cette phrase. Je m'en souviendrais, elle m'aurait frappé.

BASILICO, *ferme*. Je vous ai dit que nous allions au-devant de graves difficultés.

DOLLAN *s'énerve, il se met à hurler, la tension s'accentue. Pendant qu'il s'en prend à elle, Basilico réajuste légèrement son manteau, comme si la température avait encore fraîchi ou qu'elle devait se protéger d'un courant d'air glacial. Néanmoins, elle soutient le regard de Dollan sans trembler.* Grave, qu'est-ce que ça veut dire ? Le mot grave, qu'est-ce qu'il signifie ? En soi il ne veut rien dire, on l'utilise chaque jour à propos de choses anecdotiques. Ma femme y a recours toutes les dix minutes, à ses yeux tout est grave.

Vous n'avez pas été suffisamment frappante dans votre utilisation du mot grave. Vous n'avez pas été précise.

Un temps.

Il cesse de hurler mais reste agressif.

Quand je vous ai écoutée parler il y a un mois, aucune image d'ouvriers sur des rails n'est venue traverser mon esprit.

BASILICO, *posée, quoiqu'un peu ébranlée.* Je suis désolée qu'on ne se soit pas compris.

DOLLAN. Vous savez, le lendemain du jour où on s'est mis d'accord, dans ce même bureau, pour dégraisser cette usine, je donnais l'ordre à mes équipes d'en fermer quatre. Deux aux États-Unis, une autre en Italie et une dernière je ne sais plus où. En Angleterre. Quatre usines, dans quatre entreprises différentes. Vous voulez savoir où ils en sont, vos homologues ? Ça vous intéresse ?

Oui ? Vous voulez ?

BASILICO. Oui.

DOLLAN. Tout se déroule selon les projections. Vos collègues ont aplani les obstacles. Pourquoi ? Ils les avaient anticipés. J'ai eu affaire à des professionnels. Il n'y a que vous pour être en situation d'échec.

Un temps.

Je vais finir par avoir froid moi-même à vous voir grelotter. Ça va aller ?

BASILICO *lui fait signe que tout va bien et enchaîne.* J'ai pourtant pris du temps pour vous parler du pouvoir dont disposent les syndicats français.

Déterminée, concentrée, Basilico regarde Dollan dans les yeux pendant toute la durée de leur échange, sans reculer ni faiblir.

DOLLAN, *de nouveau cinglant.* Parce que vous pensez qu'en Italie, les syndicalistes, ils passent leurs journées à faire du scooter les cheveux au vent ? Vous vous imaginez qu'ils sirotent des Campari en regardant passer les filles ?

BASILICO. Vous ne m'avez pas vraiment écoutée, la dernière fois. Ou bien pas entendue, ce qui revient au même. Nous ne sommes pas au bout de nos peines, ça ne fait que commencer.

DOLLAN, *avec agressivité.* Au lieu d'admettre que vous avez échoué, vous reportez la faute sur les autres. Mais poursuivez, il faudrait donc céder aux syndicats, c'est de cette manière que vous envisagez la suite ?

BASILICO. J'envisage la suite avec la même lucidité que je vous ai proposé il y a un mois d'envisager le début. Il faut prendre en compte l'avantage qu'ont sur nous les syndicats, ils ne le lâcheront pas pour si peu.

DOLLAN *éclate de rire.* Pour si peu ?

BASILICO. Les syndicats ont perdu la mesure, c'est clair, mais laissez-moi vous dire une chose, le montant que vous rêvez que je leur impose est tout aussi irréaliste que celui qu'ils réclament. J'ai l'impression d'avoir affaire à des enfants qui tirent chacun la corde de leur côté sans même chercher à réfléchir ensemble.

DOLLAN. Je n'aime pas tellement le ton que vous prenez pour me parler de ce dossier.

BASILICO. Je m'efforce d'être un peu plus percutante que la dernière fois : j'aimerais passer un peu moins inaperçue. *Un temps. Tension.* Si la solution que je vais vous proposer d'adopter ne vous convenait pas, je prendrais mes dispositions.

Dollan regarde Basilico quelques instants. Comme s'il révisait son opinion à partir de ce qu'il vient d'entendre.

DOLLAN. Donc, que me proposez-vous pour qu'on se sorte de ce cul-de-sac ? (Je reprends là l'expression utilisée en votre absence par Monsieur Couvelaire.) *Échange de regards entre Basilico et Couvelaire.* Ne me répondez pas qu'il faut payer ou je vous fais remplacer dès demain par un négociateur indépendant. Je peux m'en faire recommander d'excellents par un cabinet américain avec lequel je suis en affaires à Paris.

BASILICO. Je n'ai pas bougé par rapport à ma position initiale. On se donne comme limite le plan haut, c'est-à-dire vingt-quatre mois. Je m'engage à leur faire accepter vingt-quatre mois.

Un temps relativement long. Dollan réfléchit. Basilico le fixe du regard.

DOLLAN. On leur propose le plan médian. On se donne comme limite un chiffre équidistant du plan médian et du plan haut.

BASILICO. Je me permets d'insister. Je vous l'ai dit, je ne peux pas reprendre les négociations, avec quelque chance de succès, si je ne suis pas en mesure…

Un temps.

COUVELAIRE, *à Basilico*. Élisabeth…

Un temps relativement long. Basilico et Dollan se considèrent fixement. Couvelaire fait aller son regard de l'un à l'autre.

DOLLAN. Vous avez l'air vraiment frigorifiée.

BASILICO. J'ai un peu froid.

DOLLAN. Excusez-moi, j'aime travailler avec une clim très froide, seize degrés, c'est plus sain, peu de gens apprécient cette atmosphère de laboratoire. Si notre conversation est amenée à se poursuivre – et ça m'en a tout l'air, vu l'ampleur de nos divergences –, je demanderai à Lynn de monter un peu la température.

BASILICO. Regardez, il neige.

Dollan se précipite vers les baies vitrées, d'où il peut voir les premiers flocons tomber sur New York. Il parle en regardant le paysage, il se retourne de temps en temps, Basilico et Couvelaire sont restés assis.

DOLLAN. À l'instant précis où les choses se

mettent à avoir lieu, j'éprouve toujours un sentiment d'ivresse : mon envie de vivre s'intensifie. C'est sans doute lié à mon esprit d'entreprise : j'adore les démarrages. *Il se retourne vers Basilico et Couvelaire.* Pas vous ? *Il regarde de nouveau par la fenêtre.* Regardez comme c'est beau, bientôt la flèche de l'Empire State Building sera recouverte d'une pellicule de sucre glace, comme le sommet d'une pièce montée. *Basilico se lève et rejoint Dollan, qui l'accueille d'un sourire. Ils regardent la neige tomber. Couvelaire a l'air de s'ennuyer, il regarde sa montre.* L'autre jour j'étais en voiture, je partais pour Long Island rejoindre ma femme pour le week-end, et il s'est mis à pleuvoir. Eh bien, à la seconde où les premières gouttes se sont écrasées sur le pare-brise de ma Jaguar, j'ai pensé génial, il pleut (alors que je n'aime guère la pluie), et une idée a éclaté dans ma tête. *À Basilico.* Vous comprenez ce que je veux vous dire ? Le simple commencement de ce banal phénomène climatique a transmis une décharge de joie à mon cerveau, et cette décharge vitale a déclenché un processus intellectuel fulgurant. *Un temps. Couvelaire les rejoint mais reste derrière eux, comme en retrait. Dollan regarde fixement Basilico.* C'est l'une des plus belles idées qui me soient jamais venues. J'ai immédiatement appelé mon avocat, il a réalisé la transaction dans les deux heures, ça m'a rapporté quinze millions de dollars. *Dollan claque des doigts.* Comme ça, en une fraction de seconde, grâce à une goutte de pluie. *Un temps. Il se retourne vers Couvelaire.* Vous aimez ça, la neige, Jean-Paul ? *Couvelaire se racle la gorge et approuve d'un signe de tête accompagné d'un sourire. À Basilico.* Et vous, Élisabeth ?

BASILICO, *rêveusement, sans regarder Dollan, absorbée par le spectacle de la neige qui tombe du ciel de New York.* J'adore. C'est ce que je préfère. J'ai toujours rêvé de voir New York sous la neige. Depuis toute petite. *Un temps.* J'ai vraiment beaucoup de chance.

Basilico regarde dehors. Dollan fixe son profil avec une évidente satisfaction. Au bout d'un moment, Basilico se tourne vers Dollan. Ils se regardent longuement.

DOLLAN, *à Basilico, lentement, en détachant chaque phrase.* OK. *Un temps.* OK pour vingt-quatre mois. Allons-y. Mais attention, je ne veux plus vous revoir sur ce dossier, je ne veux plus entendre parler de cette usine avant longtemps, pour moi l'affaire est close, vous n'avez plus aucune raison d'échouer à présent. C'est entendu ?

Basilico répond par un sourire.

DOLLAN, *à Couvelaire.* Jean-Paul, j'ai plusieurs choses à voir avec vous, vous restez. *À Basilico.* Élisabeth, on se voit plus tard, je vous remercie. Allez vous réchauffer dans le bureau de Lynn, la clim est réglée selon des critères plus humains.

Basilico sort du bureau.

VERSION FRANÇAISE DU TABLEAU 20.

Dubreil, Vallette et Pradeyrol sont devant l'usine avec les grévistes. L'usine est occupée. Couvelaire et Dollan se tiennent en retrait.

DOLLAN. Quarante jours de grève. Vous vous rendez compte de tout l'argent qu'on perd ?

COUVELAIRE. Je leur ai demandé de reprendre le travail. Je ne négocie pas avec des grévistes, c'est pour moi une question de principe.

DOLLAN. Qu'est-ce qu'ils vous répondent ?

COUVELAIRE. Qu'on doit d'abord accéder à leurs demandes. C'est le serpent qui se mord la queue.

DOLLAN. On ne peut pas appeler la police ?

COUVELAIRE. Ils sont dans leurs droits.

DOLLAN. Jésus. Si j'avais su. Qu'est-ce qui m'a pris d'investir en France.

COUVELAIRE. Je ne désespère pas d'y parvenir.

DOLLAN. À quoi ?

Le vent se lève. La lumière devient métallique.

Dollan regarde le ciel. Couvelaire ne se rend compte de rien.

COUVELAIRE. Ils ne pourront pas tenir longtemps, financièrement parlant.

DOLLAN *reporte son regard sur Couvelaire.* Nous non plus. C'est la période de l'année où les ventes sont les plus élevées. Les stocks sont épuisés, nos clients doivent faire appel à la concurrence.

COUVELAIRE. Les commerciaux sont sur le coup. On essaie de faire venir des produits de nos filiales espagnoles.

DOLLAN. Vous avez vu le bordel que c'est ? *Soudain décidé, comme saisi par une intense injonction intérieure.* Ça ne peut plus continuer, je vais aller les voir, on va les inviter à venir discuter avec nous, même s'ils maintiennent leur grève. Après tout, c'est une condition que vous avez posée *vous*, pas *moi* : je ne suis pas obligé d'être aussi inflexible que vous l'avez été jusqu'à présent. Je déteste les blocages et les situations qui s'enlisent. J'ai besoin de mouvement pour vivre.

Dollan se dirige vers les grévistes, suivi par Couvelaire.

COUVELAIRE. Je vous le déconseille. Ils pourraient s'en prendre à vous. On a connu en France ces derniers mois plusieurs cas de séquestration.

DOLLAN. Séquestré dans une usine française, c'est d'un chic, au moins j'aurai quelque chose d'original à raconter lors de mes dîners new-yorkais.

Dollan aborde Dubreil, Vallette et Pradeyrol.

DOLLAN, *à Dubreil, Vallette et Pradeyrol, en leur serrant la main. Il s'exprime avec lenteur, en articulant distinctement chaque mot, pour être certain de bien se faire comprendre.* Bonjour, mon nom est Dollan, Peter Dollan, je viens de New York spécialement pour discuter avec vous. Je suis le patron de Victoria Capital, l'actionnaire majoritaire d'ATM.

DUBREIL. Hello. Yes, we… *À Pradeyrol.* Comment tu dis nous savons qui vous êtes ?

PRADEYROL, *à Dollan.* We know who you are.

DUBREIL, *à Dollan.* Yes.

DOLLAN. OK, merci, heureux de vous rencontrer. Jean-Paul fera la traduction, ce sera plus simple.

COUVELAIRE, *aux représentants syndicaux.* Il vous remercie, il dit qu'il est heureux de vous rencontrer, il me demande de faire la traduction.

DUBREIL. Nous aussi on est heureux… d'avoir enfin affaire au vrai patron.

COUVELAIRE, *à Dollan.* Eux aussi ils sont heureux. Ils sont flattés et honorés de faire la connaissance d'un grand patron comme vous.

DOLLAN. Oh, vraiment ? Merci, merci beaucoup. *À Couvelaire.* Ils sont très aimables en fait.

VALLETTE, *à Couvelaire.* Qu'est-ce qu'il dit ?

COUVELAIRE, *à Vallette.* Il vous trouve très aimables.

VALLETTE. Dites-lui que nous aussi. On va peut-être bien s'entendre, lui et nous. C'est à espérer, vu l'ampleur du blocage. Il va peut-être avoir envie d'en sortir, *lui*.

DUBREIL. Par contre qu'il ne vienne pas nous embrouiller, ou on ne répond de rien. On vient d'installer une citerne de gaz dans l'usine de Pessac. Si Dollan maintient son projet, il ne vendra que des décombres.

VALLETTE. Dites-lui bien qu'il fasse attention à ne pas nous prendre pour des abrutis.

PRADEYROL. On est prêts à tout.

COUVELAIRE. J'ai bien compris. Mais je ne vais pas lui parler de la citerne de gaz tout de suite. On va attendre un peu. C'est un Américain, il est puritain. S'il découvre d'entrée de jeu l'existence d'une citerne de gaz dans l'une de ses usines, pour le coup c'est lui qui risque de s'énerver.

PRADEYROL. C'est vous qui voyez.

DUBREIL. On s'en moque de ses états d'âme. Nous c'est le résultat final qui nous intéresse.

COUVELAIRE *se tourne vers Dollan, un peu gêné*. Eh bien, vous leur êtes très aimable également. Ils espèrent qu'il sera possible de trouver une solution. Mais si vous voulez mon avis, Peter, on ferait mieux de rebrousser chemin, ils m'ont l'air vraiment remontés. L'un de ceux avec qui on est en train de parler, le moustachu du milieu – j'évite de prononcer son nom, par discrétion –, vous vous souvenez, vous l'aviez déjà repéré sur Internet...

DOLLAN. Je le reconnais.

COUVELAIRE *enchaîne*. C'est un authentique

extrémiste. Il peut se laisser entraîner par ses penchants romantiques. Si on essaie de les embrouiller…

Dubreil se racle la gorge bruyamment.

DOLLAN, *à Couvelaire*. Oui, eh bien ?

DUBREIL, *à Couvelaire, sans ménagement*. Qu'est-ce que vous racontez tous les deux. On vous demande de traduire, pas de faire une explication de texte.

DOLLAN, *à Couvelaire*. Qu'est-ce qu'ils disent ?

COUVELAIRE, *à Dollan*. Rien, rien.

DOLLAN, *à Couvelaire*. Pourquoi ils vous parlent sur ce ton ?

COUVELAIRE. Ils sont toujours très énervés. Globalement. Toujours. C'est dans leur nature. C'est pourquoi il est généralement si difficile d'aboutir à des accords.

DUBREIL *s'agace*. Vous n'avez pas bientôt fini tous les deux ? Si Dollan est venu pour que vous soyez deux exactement pareils il peut tout de suite repartir à New York, on n'a pas besoin d'un autre Couvelaire dans les parages.

VALLETTE. On aimerait l'entendre sur ses intentions. Qu'est-ce qu'il compte faire pour nous sortir de ce blocage. J'imagine qu'il a des choses à nous dire.

DOLLAN, *à Couvelaire*. Dites-leur qu'à cause de leur grève on perd énormément d'argent, ça va finir par mettre l'entreprise en danger, je serai obligé de fermer des usines, de délocaliser.

COUVELAIRE, *à Dollan*. Vous êtes sûr que c'est comme ça que vous voulez commencer la conversation avec eux ?

DOLLAN. Allez-y.

COUVELAIRE, *aux représentants syndicaux*. Il dit que vous faites perdre un maximum d'argent à l'entreprise, ces pertes peuvent être préjudiciables à la santé financière du groupe, ce qui pourrait amener Dollan, dans un avenir plus ou moins proche, à prendre des décisions douloureuses, fermetures, cessions, délocalisations, etc.

PRADEYROL. On n'entre pas dans ce discours-là.

VALLETTE. On ne va pas s'apitoyer sur son sort.

DUBREIL. À la limite tant mieux s'il perd un maximum de thunes, il ne fallait pas jouer au plus malin avec nous. Aujourd'hui on ne peut plus faire n'importe quoi, tout se paie, l'impunité n'existe plus.

VALLETTE. Il n'aura qu'à renflouer Villeneuve-Saint-André avec les dollars de son fonds de pension.

PRADEYROL. Traduisez.

COUVELAIRE, *à Dollan, mal à laise*. Ils disent qu'ils sont désolés que vous perdiez autant d'argent, ce n'était pas, naturellement, dans leurs intentions initiales, ils se battent juste pour obtenir ce qu'ils veulent. Ils sont vraiment désolés, ils pensent que les pertes resteront limitées.

DOLLAN *l'interrompt*. Parfait, je me réjouis

de les voir aussi raisonnables. En fait ils ne sont pas si terribles que ça vos trotskistes, je les imaginais bien pires. Dites-leur que je suis content de les voir dans de telles dispositions, moi qui étais à deux doigts de bazarder ATM à un groupe chinois. J'ai encore failli le faire il y a deux jours, sur un coup de tête, il n'y avait qu'à appuyer sur un bouton, j'ai bien fait de me retenir.

DUBREIL, *à Couvelaire*. Qu'est-ce qu'il dit ?

COUVELAIRE. Rien, il adore la France, il espère que les négociations se passeront bien, que vous accepterez d'entendre raison.

VALLETTE. Ben tiens...

DUBREIL. Entendre raison ? Parce que lui il n'a pas l'intention d'entendre raison ? C'est à nous d'entendre raison ?

VALLETTE. Ça commence bien.

COUVELAIRE, *à Dubreil*. Pour vous dire ce que je sens, si ça vous intéresse...

DUBREIL. Allez-y.

COUVELAIRE. Si vous levez la grève tout de suite, il sera prêt à faire un geste. Je le sens. Un vrai geste. C'est mon intime conviction. Ça vaut le coup d'essayer à mon avis.

PRADEYROL *l'interrompt brutalement, irrité*. Pourquoi il parlait de Chinois tout à l'heure ?

VALLETTE, *en même temps que Pradeyrol*. Vous nous prenez vraiment pour des débiles.

COUVELAIRE, *à Vallette*. Moi ? Pas du tout, pourquoi vous dites ça, madame Vallette ? *À*

Pradeyrol. Dollan a parlé de Chinois ? Non, je ne pense pas, vous vous trompez.

PRADEYROL. Il a dit Chinese. Chinese ça signifie chinois. *À Dollan.* Chinese ? Chinese ?

DOLLAN. Oui, Chinese, j'ai failli vous bazarder à un putain de groupe chinois. De vrais tueurs. Vous auriez senti passer votre douleur les gars.

Dollan se met à rire. Il tape sur l'épaule de Pradeyrol avec paternalisme, comme s'ils s'étaient réconciliés après un lourd malentendu. Il montre le piquet de grève.

Je peux vous dire qu'ils vous nettoyaient tout ça en deux jours, avec une bonne petite milice privée. Nous, les Américains, à côté des Chinois, on est des collégiens.

Dollan rit aux éclats.

DUBREIL. Pourquoi il rit comme ça ?

COUVELAIRE. Il est heureux d'être en France. Il dit qu'ils sont moins durs que les Chinois, contrairement à ce qu'on pourrait penser. Avec les Américains, on peut toujours parler.

PRADEYROL. Ne nous prenez pas pour des cons, monsieur Couvelaire.

VALLETTE. On sait assez d'anglais pour comprendre que nos propos ne sont pas fidèlement reproduits, ni ceux de l'Américain.

DUBREIL. Dites-lui texto qu'on se fout royalement qu'il perde du pognon avec nos grèves. Royalement. On attendra le temps qu'il faut. On le mettra à genoux. Allez-y. Traduisez.

Couvelaire hésite. Il se racle la gorge.

DOLLAN. Que se passe-t-il ? J'ai la désagréable impression que quelque chose m'échappe. Ils n'ont pas l'air de si bonne humeur que ça vos trotskistes.

COUVELAIRE. Ils se durcissent. Ils sont en train d'avoir des crampes. Je vous avais prévenu. C'est dans leur nature, ils sont hypersusceptibles, hypercyclothymiques.

DUBREIL. Vous ne traduisez pas, là. Traduisez, on vous dit.

COUVELAIRE, *à Dollan*. Ils se foutent que vous perdiez de l'argent, à la limite ils s'en réjouissent, c'est un combat, ils iront jusqu'au bout, ils sont déterminés.

Dollan n'en revient pas. Il regarde Dubreil avec étonnement.

DUBREIL, *à Dollan*. Yes. Royaly. Mais alors : *royaly*.

DOLLAN, *à Couvelaire*. Ils vous ont demandé de me dire ça ? Textuellement ?

COUVELAIRE. J'ai même atténué un peu.

DOLLAN. Dites-leur que nos destins sont liés. Si l'entreprise perd de l'argent elle se fragilise, ils en paieront fatalement les conséquences, *eux*, les travailleurs, plus que *nous* qui avons de multiples sources de revenus.

Qu'ils n'aillent pas me provoquer sur ce terrain, parce que moi c'est comme à la roulette, je peux me sentir prêt à perdre quelques grosses plaques pour le seul plaisir du jeu.

Pour me marrer deux mois avec vos communistes, je me connais, je suis capable de sacrifier cette putain de petite usine française déficitaire, de la laisser agoniser sur place comme une vieille poule écrasée par un tracteur.

Couvelaire regarde Dollan interloqué.

COUVELAIRE, *à Dubreil.* Bien, il dit qu'en fait…

DOLLAN *se ressaisit, l'interrompt.* Non. Dites-leur surtout qu'on ne peut pas avancer en restant plantés devant l'usine. Allons dans un bureau sans lever la grève et mettons tout à plat.

COUVELAIRE, *à Dollan.* OK, c'est mieux. *À Dubreil, Pradeyrol et Vallette.* Il dit qu'il est d'accord pour poursuivre cette discussion fructueuse autour d'une table, dans un bureau, à l'abri des intempéries.

VALLETTE. Il parle vraiment comme vous l'Américain, ou c'est vous qui mettez à votre sauce en traduisant ?

COUVELAIRE. Je ne vois pas à quoi vous voulez faire allusion.

DUBREIL. Dites-lui qu'on est ravis d'aller discuter avec lui dans un bureau sans qu'il faille lever la grève. On le remercie de sa souplesse.

PRADEYROL. De sa confiance.

COUVELAIRE. Ils sont ravis de vous emmener à l'intérieur pour discuter.

Sur le même ton, pour plus de discrétion.

Méfions-nous tout de même qu'il ne s'agisse pas d'un piège. Je les trouve anormalement enjoués tout à coup. Il y a un risque qu'on reste enfermés à l'intérieur un certain temps.

VALLETTE, *à Couvelaire.* Qu'est-ce que vous lui dites ?

Couvelaire ne répond pas, regarde par terre, gêné.

DOLLAN, *à Vallette, Dubreil et Pradeyrol.* OK, merci, allons-y.

DUBREIL *sourit à Dollan et lui parle directement, pour la première fois. Il s'exprime un peu plus lentement que d'habitude.* OK, thank you very much, M. Dollan. Merci pour votre souplesse. On va vous emmener dans l'usine, on va essayer de reprendre les négociations sur de nouvelles bases. Mais on ne négocie plus avec ce gus, on voulait vous dire ça, mes camarades et moi. C'est une condition que l'on pose. Il va devoir rester dehors à nous attendre. Désolé.

Dubreil a fait un mouvement de tête vers Couvelaire. Dollan signifie à Dubreil qu'il n'a pas compris ce qu'il vient de lui dire.

DUBREIL, *à Couvelaire, sans le regarder.* Traduisez.

COUVELAIRE *regarde le profil de Dubreil avec un air ahuri.* Mais qu'est-ce que c'est que cette histoire ?

DUBREIL, *avec autorité, continuant de regarder Dollan.* Traduisez, on vous dit.

COUVELAIRE. Je ne comprends pas. De quel gus vous voulez parler ?

DUBREIL. D'après vous ?

COUVELAIRE. Dubreil. Je ne sais pas à quel jeu vous jouez.

DUBREIL. On ne veut plus négocier avec vous. On exige que vous restiez devant l'usine, sous vos intempéries. Dites-le à l'Américain. Maintenant.

DOLLAN, *à Couvelaire*. Que se passe-t-il ? Un problème ?

COUVELAIRE, *à Dollan, sans le regarder*. Une minute. *À Dubreil*. Écoutez, ne perdons pas de temps à ces enfantillages.

DUBREIL *se tourne vers Couvelaire*. Dites-le.

COUVELAIRE *s'énerve*. Mais enfin. Vous ne voulez tout de même pas que je dise ça à Dollan ? Arrêtez vos conneries maintenant. Vous êtes tombé sur la tête ou quoi ?

DOLLAN *s'impatiente*. Est-ce que je pourrais savoir ce qui se passe ?

DUBREIL, *à Couvelaire*. Traduisez ou je vais chercher quelqu'un qui parle anglais.

Dollan regarde Couvelaire pour avoir la traduction.

COUVELAIRE, *aux représentants du personnel, radouci*. Arrêtez ces simagrées. Vous ne vous rendrez même pas compte de ma présence, je ne dirai rien, je me mettrai dans un coin, sur une chaise. Je serai seulement l'interprète.

DUBREIL. Traduisez.

COUVELAIRE, *à Dollan, après quelques instants d'hésitation.* Ils sont d'accord pour négocier, mais il nous semble à tous les deux qu'il serait préférable que je reste en dehors des discussions, pour repartir sur de nouvelles bases. C'est ce que je vous propose qu'on fasse, dans un souci d'efficacité.

DOLLAN. C'est non. Je refuse catégoriquement. Vous restez.

COUVELAIRE, *à Dubreil.* Il refuse. Je n'y peux rien. Il ne veut pas.

Dubreil, avec ses mains qui font non, avec ses avant-bras qui dessinent une croix devant le visage de Couvelaire, fait comprendre à Dollan qu'il refuse de poursuivre avec lui.

DUBREIL. No. Is it no.

COUVELAIRE, *à Dollan.* Dubreil insiste pour que vous preniez en compte cette suggestion que je viens de vous faire.

DOLLAN. OK. Moi je m'en moque après tout. Avec qui ils veulent négocier, dans ce cas ? Demandez-leur avec qui.

DUBREIL *devance la traduction de Couvelaire.* Basilico.

COUVELAIRE, *abasourdi.* Dubreil, qu'est-ce que vous racontez, vous êtes tombé sur la tête ou quoi ? Qu'est-ce qui vous arrive aujourd'hui mon vieux ? En plus je vous rappelle que Basilico ne fait plus partie de la société.

DUBREIL. C'est faux.

COUVELAIRE. La procédure est en cours.

DUBREIL. Elle est en arrêt maladie.

DOLLAN, *à Couvelaire*. J'entends qu'on parle d'Élisabeth. Ils veulent négocier avec Élisabeth ?

COUVELAIRE, *à Dollan*. Je le crains.

DOLLAN. Et alors, où est le problème ? Où est-ce qu'elle est ? Pourquoi est-ce qu'on ne va pas la chercher ?

COUVELAIRE. Elle est à Paris.

DOLLAN. À Paris ? Pourquoi à Paris ?

COUVELAIRE. Elle est en arrêt maladie.

DOLLAN. Elle est malade ?

Couvelaire est mal à l'aise, il hésite à répondre, il s'apprête à parler.

DOLLAN *s'impatiente*. Elle est malade ?

COUVELAIRE. Non.

DOLLAN. Elle peut venir ici ?

COUVELAIRE. Sans doute.

DOLLAN. Qu'elle prenne un avion. Dans combien de temps elle peut être ici ? Trois heures ? Quatre heures ? Appelez-la.

COUVELAIRE. Quand ? *Avec étonnement*. Là ? Maintenant ?

DOLLAN *s'énerve*. Quand, d'après vous ? Demain ? La semaine prochaine ? Quand tous nos concurrents auront récupéré la clientèle de Villeneuve-Saint-André ? Demandez-lui de venir. On l'attend.

Couvelaire prend son téléphone portable pour appeler Basilico.

REMERCIEMENTS

Frédéric Fisbach, Jean-Michel Ribes, Nicolas Roux, Marion Jablonski, Anna Schmutz, Kate Moran, Pascal Rambert, Katharina von Bismarck, Pascale Boeglin, Claire Nozières, Paul Rondin, Sylvia Jorif, Bouchra Jarrar, Édouard Schneider, Maison Martin Margiela, Bénédicte Cerutti, Christophe Brault, Benoît Résillot, Philippe Revel, Laurence Viénot, Nicolas Vivien, Agnès C., Dominique M., Anne Vaucheret, Hervé Dufoix, Richard Folliot, Monique Zomeno, Manuel Carcassonne, Vanessa Retureau, Capucine Ruat, Hélène Vaultier.

Jean-Marc, ce livre est le dernier que nous aurons fait ensemble. Je pense à toi et tu me manques.

Cet ouvrage a été composé
par Dominique Guillaumin à Paris
et achevé d'imprimer en octobre 2013
sur Roto-Page
par l'Imprimerie Floch
à Mayenne
pour le compte des Éditions Stock
31, rue de Fleurus, 75006 Paris

Imprimé en France

Dépôt légal : novembre 2013
N° d'édition : 01 – N° d'impression : 85650
54-51-0689/7